You Know?
생활의 기본 **화폐, 돈**

You Know? 주니어경제 1
생활의 기본 화폐, 돈

2017년 10월 25일 초판 발행
2023년 1월 25일 개정판 발행

지은이   이아연
발행인 겸 편집인   김낙봉
일러스트   이수정
사 진   국립중앙박물관, 한국은행,
         한국조폐공사, Fotolia.com
디자인   박영정
교 정   우정민
발행처   북네스트
출판등록   제2016-000066호
주 소   경기도 파주시 소라지로 202번길 127
전 화   070-8200-6727
팩 스   031-622-9863
독자문의   laejoo@naver.com

ⓒ이아연 2017
ISBN 978-89-93409-43-7
ISBN 978-89-93409-19-2 (세트)

사람을 행복하게 하는 출판사 북네스트

값 13,500원

이 도서의 국립중앙도서관 CIP는 서지정보유통지원시스템 홈페이지(http://seoji.nl.go.kr)와
국가자료공동목록시스템(http://www.nl.go.kr/kolisnet)에서 이용하실 수 있습니다.(CIP제어번호: CIP2017020722)

주니어경제 시리즈 ①

생활의 기본
화폐, 돈

글 **이아연** · 감수 **김두경**(전 한국은행 발권국장)

북네스트

저자의 말

중국인들은 종종 이런 말을 해요.

"돈만 있으면 귀신에게도 맷돌을 돌리게 할 수 있다."

죽은 사람에게 일도 시킬 수 있을 만큼 돈만 가지면 못 할 것이 없다는 뜻이에요.

돈은 종이나 금속으로 만들어진 하나의 증표입니다. 하지만 돈은 다른 종이나 금속과는 달리 귀한 대접을 받아요. 사람들이 돈을 특별한 '존재'로 만들어 줬기 때문이에요. 경제생활에서 없으면 안 되는 존재로 말이지요.

밭에서 나는 채소와 강에서 잡은 물고기를 바꿔서 먹던 물물교환 시대를 지나 돈이라는 가치교환 수단을 만들면서 사람들의 삶은 더 편리해졌어요. 농사지은 채소를 팔아서 돈을 벌고, 그 돈으로 다른 먹거리나 생활에 필요한 물건을 사고, 미래를 위해 자산을 모아 두는 것도 가능해졌으니까요.

하지만 안타깝게도 돈으로 인해 불행해지는 사람들도 있어요. 돈이 있으면 무엇이든 할 수 있는 세상이라는 말은 돈이 없으면 무엇도 제대로 할 수 없는 세상을 뜻하기도 하니까요. 이런 생각은 어린이들의 장래 희망에도 반영되고 있어요.

한 설문조사기관이 전국 초등학생 6,397명을 대상으로 실시한, 장래 희망을 묻는 조사에서 1위를 차지한 직업은 '연예인'이에요. 그다음으로 상위에 오른 직업은 의사, 공무원, 선생님, 스포츠 선수 등이었고요.

위와 같은 직업을 꿈꾸는 이유로는 '아픈 사람을 고쳐 주고 싶어서', '내 노래를 사람들에게 들려주고 싶어서' 같은 대답도 있었지만 '유명해지고 싶어서', '돈을 많이 벌고 싶어서', '안정적인 직업을 갖고 싶어서'와 같은 대답도 적지 않았어요.

어릴 때부터 직접 경험하거나 혹은 부모님 등 가까운 사람들을 지켜보면서 돈이 많으면 더 편리하게 살 수 있다는 걸 깨달았기 때문일 거예요.

프랑스의 최고 극작가로 손꼽히는 플로리앙 젤레르의 연극 〈아버지〉에는 이런 대사가 나와요.

"가난에서 벗어나는 단 하나의 수단은 지혜로워지는 것이다."

돈이 없어도 지혜롭게 행동한다면 마음의 여유도, 경제적인 여유도 가질 수 있다는 말이에요. 돈을 대하는 태도에 대해 생각해 보게 하는 한마디네요.

이 책에는 돈의 시작과 역사, 돈이 우리의 삶과 세계에 미치는 영향, 그리고 돈에 대해 궁금했을 여러 가지 이야기들이 담겨 있어요.

여러분이 돈의 노예가 아니라 돈의 주인으로 행동하고, 나아가 돈을 인생에서 좋은 친구처럼 다뤄 주길 바라며 첫 장을 열어 보려 해요. 그럼 시작해 볼까요?

이아연

감수의 말

돈은 생활에 없어서도 안 되고 항상 우리 주변에 있어 알기 쉬울 것 같으면서도 깊이 파고들면 알쏭달쏭한 면이 많다.

경제를 전공하거나 금융업에 종사하는 사람들은 돈과 경제의 관계에 대한 이해가 높겠지만 어린 학생들은 물건을 살 때 돈을 사용한다는 정도만 알고 있을 것이다. 하지만 어린이들도 어른이 되면 집안 살림을 담당하고 나라 경제를 이끌 미래의 경제인이다.

그런데 경제가 과거처럼 단순하지 않아서 때가 되면 알게 되겠지 할 수만은 없는 시대인 지금이다. 그래서 어려서부터 돈의 개념을 알고 물가, 경제성장 등 경제현상과 어떤 연관이 있는지 배워 가면 좋겠다는 생각을 해 왔다.

그러던 차에 마침 돈에 대해 초등학생도 쉽게 이해할 수 있는 책을 준비하고 있던 출판사에서 감수를 의뢰해 와 선뜻 받아들이게 되었다.

이아연 작가님이 지은 《Yow Know? 생활의 기본 - 화폐, 돈》은 우리가 매일 접하는 돈의 유래와 역사에서부터 물가, 환율, 경제성장 등 돈과 관련된 지식을 알기 쉽게 소개하고 있다. 아울러 돈의 의미, 가치 있게 돈을 쓰는 법 등 돈에 대해 생각해 볼 수 있는 내용들을 알차게 담고 있다.

화폐는 국민이 신뢰할 수 있어야 믿고 사용할 수 있다. 돈을 너무 많이 발행해 초인플레이션을 유발한 짐바브웨 이야기는 돈의 관리에 실패해 신뢰가 떨어지면 나라 살림이 거덜 날 수 있다는 것을 보여주는 생생한 사례다.

지폐 속에 들어 있는 우리가 잘 모르는 위조방지장치, 과거 미국에서 거액의 수표를 위조했던 범인이 지금은 위조지폐범을 잡는 데 공헌하고 있다는 일화 등 돈에 얽힌 재미있는 이야기들도 눈에 띈다.

또, 화폐 속의 위인, 돈의 일생, 예금과 대출 등 은행영업 원리, 중앙은행의 기능, 세계의 화폐, 신용카드의 올바른 사용법, 돈으로 살 수 없는 중요한 것 등 돈과 관련해서 알아 둘 내용이 고루 들어 있다.

학생들에게 돈에 대한 이론과 논리만을 펼칠 경우 어려울 수 있는 점을 감안해 각 장의 시작을 동화 형식으로 엮어서 흥미를 놓치지 않는 점도 높이 살 만하다.

어린이들이 이 책을 읽고 돈에 대한 이해가 높아졌으면 하는 바람이다. 돈과 경제에 대한 이해를 높인다는 것은 장차 합리적 경제시민이 되는 첫 걸음을 떼는 일이다.

김두경
(전 한국은행 발권국장, 한국금융연수원 자문교수)

차 례

1. 도대체 돈이 뭐야? •10

2. 돈은 왜 만들어졌을까? •18

3. 화폐의 역사 •25

4. 물가가 뭐야? •35

5. 지폐를 가져오면 금으로 바꿔 준다고? •43

6. 세계 경제를 움직이는 돈, 달러와 유로 •50

7. 중앙은행에는 저금을 할 수 없다고? •57

8. 화폐를 개인이 만들 수 있다? 없다? •65

9. 왜 돈을 팡팡 찍어 내지 않는 거지? •73

10. 만드는 비용이 더 많이 드는 동전 •80

11. 은행은 어떻게 돈을 빌려줄 수 있을까? •88

12. 외국에서도 우리나라 화폐를 쓸 수 있을까? •95

13. 화폐에는 왜 사람의 얼굴이 그려져 있을까? •102

14. 화폐도 나이가 들면 죽는다고? •110

15. 신용카드로 뭐든 살 수 있지 않아? •118

16. 일해서 버는 돈, 임금 •125

17. 내 용돈은 내가 관리한다 •132

18. 화폐를 쓰지 않는 미래 •139

19. 돈을 가치 있게 쓰는 법 •147

20. 돈으로 살 수 없는 것 •153

1 도대체 돈이 뭐야?

집으로 돌아가는 하굣길, 홍식이는 발걸음을 서둘렀어요.

'이 골목만 지나면 또또분식이 보이겠지?'

홍식이의 얼굴에는 미소가 가득했어요. 사실 그동안 친구들에게 얻어먹기만 해서 조금 기가 죽어 있었거든요. 하지만 오늘은 달랐어요. 친척들한테 용돈을 두둑이 받았기 때문이에요.

홍식이는 분식점이 보이자 옆에서 걷고 있는 경희와 도윤이에게 말했어요.

"우리 컵강정 먹고 가자!"

홍식이는 분식점을 향해 뛰어갔어요.

"아줌마. 컵강정 세 개 주세요."

©Fotolia

"4,500원이다."

아줌마는 세 개의 컵에 닭강정을 담아 홍식, 경희, 도윤이에게 건넸어요. 경희와 도윤이가 돈을 내려고 하자 홍식이가 먼저 컵강정 세 개 값을 내밀었어요.

"고마워."

"잘 먹을게."

홍식이는 괜히 어깨가 으쓱해졌어요. 그런데 이제 보니 도윤이의 얼굴에 먹구름이 가득하지 않겠어요? 컵강정 생각에 미처 친구의 기분을 살피지 못했던 것이었어요.

"도윤아. 무슨 일 있어?"

도윤이는 고개를 저었어요.

"아니 그게 아니고……. 아빠랑 엄마가 어제 크게 싸웠어."

"뭐 때문에?"

"자세히는 모르겠는데, 엄마가 돈이 부족하다고 하니까 아빠가 화를 냈어. 그러고는 문 닫고 싸우시더라고."

홍식이와 경희는 동시에 고개를 끄덕였어요.

"우리 집도 돈 때문에 가끔 싸워."

"우리 아빠 엄마도!"

도윤이는 한숨을 크게 쉬며 말했어요.

"돈이 그렇게 중요한 걸까? 난 없어도 잘 살 수 있을 것 같은데."

경희는 잘 모르겠다는 듯 어깨를 으쓱했어요.

"근데 컵강정 사 먹으려고 해도 돈이 필요하잖아. 학원에도 돈을 내야 하고. 옷이랑 공책 살 때도 그렇고. 돈이 중요한 거 같긴 해."

홍식은 이쑤시개로 닭강정을 하나 콕 집어 입에 넣고 우물거렸어요.

"돈도 땅에 심으면 채소처럼 무럭무럭 자랐으면 좋겠다."

"말이 되는 소리를 해!"

마음이 심란한 도윤이는 티격태격하는 홍식이와 경희를 뒤로한 채 앞으로 걸어갔어요.

"어휴. 도대체 돈이 뭘까?"

돈은 경제활동을 위해 주고받는 사회적 약속!

좋아하는 군것질을 마음껏 하지 못해서 기가 죽었던 홍식이와 생활비가 부족해서 싸운 도윤이의 부모님처럼 돈은 사람의 마음을 기쁘게도 하고 슬프게도 만들어요. 돈은 그만큼 우리의 삶에 깊이 연관되어 있어요.

돈은 경제활동을 하는 사람끼리 주고받는 악수와 같아요. 물건이나 서비스를 살 때 돈을 주고받으니까요. 우리가 텔레비전을 보는 것, 학원에서 수업을 듣는 것에도 예외 없이 돈을 지불해야 해요. 한마디로 돈은 경제활동이 일어나는 모든 곳에서 쓰인답니다.

세계 화폐의 변화 모습을 한눈에! ⓒ한국조폐공사 화폐박물관

마트의 식료품, 운송 트레일러 등 거래되는 모든 것에는 가격이 매겨져 있고 돈과 바꾸어져.
ⓒFotolia

"경제가 원활하려면 돈이 잘 돌아야 한다."

가끔 어른들이 하는 말이에요. 몸이 튼튼하려면 혈액순환이 잘되어야 하듯이 돈이 잘 돌아야 경제가 튼튼해진다는 뜻이지요.

돈은 어떤 물건이나 서비스의 가치를 나타내는 기준이 돼요. 슈퍼마켓에서 사 먹는 빵 1,000원, 스케이트장 입장료 8,000원, 부산행 기차표 5만 9,800원 등 저마다 그 가치가 돈으로 표현되니까요.

돈은 상품과 서비스로 바꿀 수 있는 교환 수단이기도 해요.

"수학 문제집 있어요?"

"머리카락을 어깨 높이까지 자르고 싶어요."

우리는 서점에서 책이라는 '상품'과 돈을 교환하고, 미용실에서 머리카락을 자르는 '서비스'와 돈을 교환해요. 이렇듯 돈은 하고 싶은 일을 하는 데 꼭 필요해요. 없으면 원하는 것들을 할 수 없으니까요.

돈은 가치 저장의 수단이 되기도 해요. 돼지저금통이든 은행을 통한 저축이든 미래에 쓰기 위해 돈을 모아 두는 게 그런 모습이에요.

그럼 여기서 문제 하나! '돈'이라는 말은 어디서부터 시작되었을까요?

세상 속에서 돌고 돌기 때문에 그 말을 줄여서 '돈'이라고 불렀다는 설이 있어요. 또, 칼 모양의 '도전'이라는 옛날 중국 돈의 이름에서 유래되었다는 이야기도 있지요.

우리나라의 돈의 단위는 여러분도 잘 알 거예요. 100원, 1,000원 할 때의 그 '원(₩)'이지요. 둥근 동전에서 시작되었기 때문에 '둥글다'

라는 의미에서 원이라고 불러요. 일본의 '엔(円)'과 중국의 '위안(元)'도 같은 뜻을 갖고 있어요.

세계에서 가장 영향력이 큰 화폐는 미국의 '달러($)'예요. 달러는 유럽 국가에서 통용되었던 은화를 가리키는 용어에서 유래되었어요.

'유로(€)'는 유럽연합의 단일화폐 명칭으로 1999년부터 유통되기 시작했어요. 그 밖에도 스페인과 멕시코, 필리핀 등은 '중량'이라는 뜻에서 유래한 '페소($)'를 사용하고 있어요.

핵심 요약 1

화폐는 상품과 서비스로 바꿀 수 있는 교환 수단!

가치 저장의 수단인 돈.

돈이 잘 돌아야 경제가 튼튼해진다구!

경제생활을 위해서 화폐는 필수!

둥글다는 의미를 가진 원(₩), 위안(元), 엔(円).

한국 500원

중국 1위안

일본 100엔

2 돈은 왜 만들어졌을까?

 학교의 각 층 복도는 그 어느 때보다 활기찼어요. 학생들로 붐비는 이곳에 물물교환 시장이 열렸기 때문이에요.
 미루는 교실 앞에 깐 돗자리에 장난감과 학용품 등을 늘어놓았어요. 집을 나서기 전, 엄마에게 더 좋은 물건으로 바꿔 오겠노라 큰소리친 물건들이지요.
 미루는 자신에겐 더 이상 쓸모가 없지만 친구들한테는 필요할 수도 있는 물건들을 소개하기 위해 큰 소리로 외쳤어요.
 "이 장난감 총으로 말할 것 같으면 소리도 나고 불도 나옵니다. 건전지도 새것이에요!"
 미루가 우스꽝스러운 춤을 추며 물건을 소개하자 옆에 앉아 있던 유리도 이에 질세라 크게 외쳤어요.

"원하는 물건이 여기 있을 겁니다!"

3반의 지현이가 다가와 미루가 내놓은 사인펜 세트를 살펴보았어요.

"그거 두 달 전에 삼촌이 사 준 건데 한 번도 안 써서 완전 새거야."

지현이는 미루에게 자신이 들고 온 까만 모자를 보여 주었어요.

"이건 우리 오빠가 쓰던 거야. 이것도 새거나 다름없어. 사인펜이랑 바꿀래?"

미루는 모자가 마음에 쏙 들었어요.

"오~ 좋아!"

물물교환을 체험할 수 있는 벼룩시장.

유리의 돗자리로 4반의 재희가 다가왔어요.

"누나가 하던 목걸이를 가져왔는데 한번 볼래?"

액세서리를 좋아하는 유리의 눈이 반짝거렸어요.

"난 뭘 주면 될까?"

재희는 유리의 돗자리를 쓱 훑어본 후 블록 세트를 집어 들었어요.

"이거 마음에 든다. 바꿀래?"

"좋아!"

유리와 재희는 목걸이와 블록 세트를 서로 교환했어요.

"오늘 완전 최곤데!"

미루는 갖고 온 물건들을 모두 마음에 드는 것들로 교환했어요. 유리도 만족스럽다는 듯 고개를 끄덕였어요.

"오늘처럼 물물교환을 할 수 있으면 힘들게 돈을 벌 필요 없겠어."

"내 말이! 아빠는 왜 그렇게 힘들게 일하는지 모르겠어. 물건을 서로 바꾸기만 하면 되는데 말이야."

미루와 유리는 대화를 주고받으며 교환한 물건들을 살펴보았어요. 그때, 6반의 기봉이가 미루와 유리의 곁으로 다가오더니 한숨을 푹 쉬었어요.

"난 하나도 못 바꿨어."

미루와 유리가 동시에 물었어요.

"왜?!"

"마음에 드는 걸 못 찾았거든. 딱 하나 괜찮은 게 있었는데 무거워서 못 가져갈 것 같더라고. 우리 집이 좀 멀어서."

미루와 유리는 어색하게 웃으며 물건이 담긴 주머니를 등 뒤로 숨겼어요. 어깨를 축 늘어뜨린 기봉이에게 잘난 척하는 것처럼 보이기 싫었거든요.

나는 물물교환의 비효율성을 없애기 위해 태어났어

물물교환은 서로 필요한 물건을 갖고 있는 사람끼리 교환한다는 단순한 원리였어요. 하지만 그게 그리 쉬운 것만은 아니었어요. 서로가 원하는 물건의 종류와 품질이 달랐고 바꿀 물건의 양이 많을 땐 운반하기가 쉽지 않았지요.

사람들은 더욱 편리하게 물건을 교환하기 위한 중간 매개체를 만들었어요. 그렇게 생겨난 것이 바로 '화폐'예요. 화폐는 물물교환의 비효율성을 없애 주는 교환 수단이에요.

화폐가 탄생하기 전에는 쌀 한 가마니와 비단 한 필을 서로 교환했다면, 화폐가 생겨난 후에는 각각의 가치에 따라 가격을 매겼어요. 그 덕에 계산이 훨씬 수월해졌지요. 화폐로 값을 치렀으니 무거운 쌀을 들고 갈 필요도 없었어요.

사람들 간의 거래를 더욱 편리하게 만들어 준 화폐! 그럼 화폐가 사람들 사이에 널리 쓰이려면 어떤 특징을 가져야 할까요?

무엇보다 내구성, 즉 오래 견딜 수 있는 성질을 가져야 해요. 화폐가 금방 썩거나 쉽게 망가진다면 오래 사용할 수 없겠지요?

화폐는 또한 신뢰할 만한 대상이어야 해요. 사람들이 화폐의 가치를 믿어야 서로 주고받을 수 있을 테니 말이에요. 그래서 어느 나라든 화폐의 신뢰도를 지키기 위해 항상 노력하고 있어요. 만약 화폐에 대한 신뢰도가 떨어진다면 화폐를 매개체로 하여 움직이는 경제도 유지되기 어려워져요.

금이나 은, 동 같은 귀금속은 가치성이 높아서 그 자체로 화폐처럼

기원전 2~3세기 중국에서 사용된 청동제 화폐인 명도전.
ⓒ국립중앙박물관

통용되기도 했고 오랫동안 이상적인 화폐 재료로 쓰였지요. 특히 금은 예나 지금이나 높은 가치를 갖고 있어요.

하지만 금속으로 만든 화폐에는 문제점이 있어요. 10만 원을 모두 동전으로 가지고 다닌다고 생각하면 이해가 쉽겠지요? 바로 무겁고 보관이 어렵다는 게 결점이에요. 금속화폐의 이런 문제를 해결한 것이 종이로 만든 '지폐'예요.

지폐는 지금으로부터 약 1,000년 전에 중국에서 쓰이기 시작했어요. 송나라의 상인들은 재산이 많고 힘이 있는 사람에게 금속화폐를 맡기고 대신 '교자'라는 종이를 받았어요. 교자는 상인들 사이에서 돈처럼 쓰였어요. 많은 학자들이 이것이 지폐의 탄생이라고 보고 있어요.

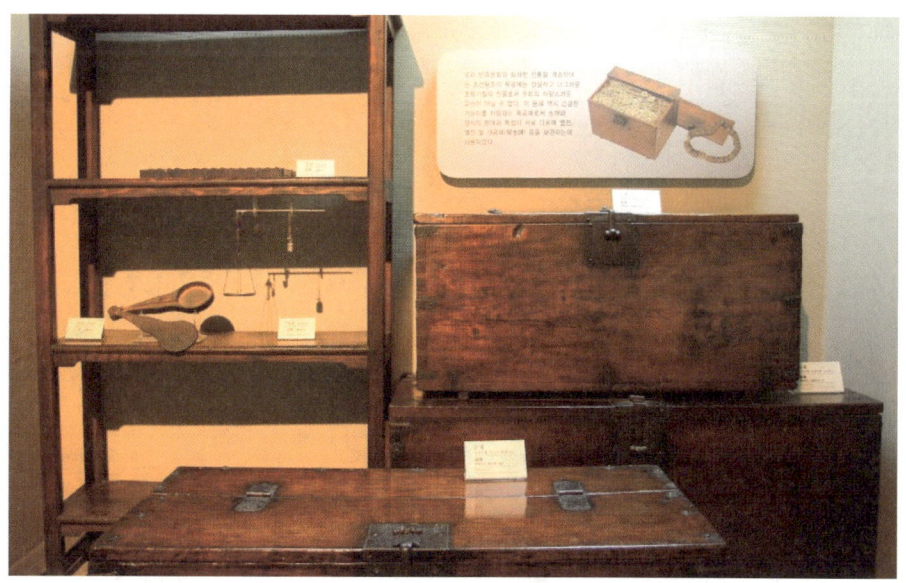

조선시대 금고인 돈궤. ⓒ한국조폐공사 화폐박물관

핵심 요약 2

물물교환은 상품 간 가치 비교가 어려운 단점이 있다.

화폐는 오래도록 망가지지 않을 내구성이 중요해.

가치성이 높아서 오랜 기간 그 자체로 화폐였던 금과 은.

휴대 편의성을 위해 태어난 '지폐', 1,000년 전 송나라의 '교자'가 시초야.

화폐의 역사

  1097년 고려 때의 일이에요. 승려인 대각국사 의천은 전국을 돌며 백성들이 살아가는 모습을 관찰했어요. 과거부터 여러 차례 화폐를 보급하기 위해 노력했는데도 시장에서는 여전히 포[01]나 토산물을 화폐 대용으로 사용하고 있었어요.

  '보관과 운반이 편리한 금속화폐를 써야 상업이 발달하고 나라 경제에 도움이 될 터인데…….'

  고민하던 의천은 문득 좋은 생각이 떠올랐어요. 그는 왕(숙종, 재위 1095~1105년)을 만나기 위해 서둘러 궁궐로 향했어요.

  "대각국사, 어인 일로 이렇게 황급히 왔는가?"

---

01 포(布)는 화폐가 활성화되기 전, 돈처럼 쓰이던 베(옷감)를 말해요.

"긴히 드릴 말씀이 있어 발걸음을 재촉했습니다."

의천은 머리를 조아리며 말을 이었어요.

"전하. 새로이 금속화폐를 만들게 하면 어떻겠습니까?"

"주화[02]를 새로 만들라는 뜻인가?"

숙종의 질문에 의천은 몸을 숙이며 대답했어요.

"예. 돈은 물처럼 끝없이 흘러가기 때문에 주화를 백성에게 퍼뜨리면 막힘없이 돌아다닐 것입니다. 그리하면 백성의 생활에서 매우 중요하게 쓰이지 않을는지요?"

숙종은 의천의 뜻을 잘 알았지만 선뜻 마음이 내키지 않았어요.

"이미 100년 전에도 주화를 만들지 않았나. 하지만 사람들이 전혀 쓰질 않았지."

숙종의 말대로 100년 전, 고려 성종(재위 981~997년)이 주화를 유통시킨 적이 있었어요. 우리나라에서 최초로 만든 '건원중보(乾元重寶)'라는 이름의 주화였어요.

하지만 건원중보는 제대로 유통되지 않았어요. 사람들이 익숙하지 않은 주화 사용을 꺼렸기 때문이지요. 또, 건원중보는 철전, 즉 철로 만들어진 주화였기 때문에 쉽게 녹이 스는 단점이 있었어요.

의천은 숙종의 걱정을 헤아려 다음과 같이 말했어요.

"주화의 재료를 바꾸어 녹이 스는 단점을 없애고, 관리들이 앞장서 쓴다면 분명 백성들도 사용할 것입니다."

---

02 금속을 녹여 주형에 부어서 만들었다 하여 생긴 이름.

의천의 건의에 따라 숙종은 주화를 만들어 널리 쓰이게 하겠다는 뜻을 조정에 발표했어요.

"주전도감을 설치하여 주화를 만들고 이를 백성들이 쓸 수 있게 하라!"

1102년, 주전도감에서는 가볍고 내성이 강한 구리를 재료로 동전을 만들었어요. 외형은 둥글고 가운데에는 네모난 구멍이 있었어요. 하늘은 둥글고 땅은 네모지다는 동양의 전통 우주론적 사고가 반영된 것이었어요. 또, 발해의 동쪽 나라에서 만든 보물이라 하여 '해동통보(海東通寶)'라는 이름을 붙였어요.

고려시대 주화인 해동통보. ⓒ국립중앙박물관

나라에서는 해동통보를 관리나 군인들의 임금으로 지급했어요. 주화를 원활하게 유통시키기 위해 정부부터 나서서 노력한 것이지요.

숙종과 의천의 의도는 좋았으나 해동통보도 건원중보처럼 잘 유통되지 않았어요. 백성들은 상거래를 할 때 여전히 포(베)와 토산물을 화폐 대신 썼어요. 하지만 여기서 포기할 숙종이 아니었어요.

"각 지방의 관리들은 들으라. 술과 음식을 파는 가게를 열어 해동통보로 값을 치를 수 있도록 하라."

 사람들 사이에서 돈이 잘 흐를 수 있도록 식당에서의 사용을 권장한 것이었어요. 숙종의 노력으로 해동통보는 건원중보보다는 더 많이 유통되었지만 아쉽게도 거기까지였어요. 돈을 이리저리 사용하기엔 백성들이 너무 가난했기 때문이에요.

 결국 해동통보는 전국적으로 사용되지 못하고 시간이 흐름에 따라 사라지게 되었답니다.

세계 첫 주화는 기원전 600년경의 터키 금은화!

최초의 금화로 알려진 일렉트럼 코인. 기원전 670년경 터키 지역에서 사용됐다고 해. ⓒ한국조폐공사 화폐박물관

고대 로마의 전성기이던 2세기 하드리아누스 황제 때 발행된 은화.

기원전 3000년경, 지금의 시리아와 팔레스타인에 이르기까지 넓게 펼쳐진 땅에서 문명[03]이 시작되었어요. 이 지역을 '메소포타미아'라고 불러요. 메소포타미아에서는 그때부터 화폐를 사용했어요. 귀금속을 괴(덩이) 형태로 만들어서 말이지요.

그들은 금속을 저울로 재서 가치를 평가했어요. 무거우면 더 큰 돈이 되는 셈이지요. 이러한 개념의 화폐를 '칭량화폐'라고 해요.

역사상 최초의 주화는 기원전 600년경으로 거슬러 올라가요. 고고학자[04]들은 터키에서 금과 은을 섞어 만든 주화를 발견했어요. 과거 리디아 왕국의 아르테미스 신전에서였어요. 주화가 고대 지중해 지역에만 존재한 것은 아니었으나, 이곳이 최초의 발생 지역이라고 전해지고 있어요.

---

03 인류가 미개한 상태에서 벗어나 사회생활을 위한 기술과 제도를 발전시킨 상태를 말해요.
04 고고학자는 유적 발굴을 통해 과거의 문화와 역사를 연구하는 사람들이에요.

조선시대의 상평통보와 별전(현재의 기념주화). 사극에서 보던 바로 그 돈이야. ⓒ국립중앙박물관

고대 로마도 화폐 이야기에서 빠뜨릴 수 없어요. 기원전 200년경부터 주화를 유통시켜 생활과 무역에 두루 사용했다고 하는데, 지금도 당시 주화가 유물로 많이 남아 있어요.

동양에서는 중국의 춘추전국시대[05]에 철기가 처음 사용되면서 철을 소재로 한 돈이 만들어졌어요. 이 돈은 동전처럼 둥글지 않고 칼이나 농기구처럼 생겼어요. 당시에는 농기구가 가장 소중한 것이었기 때문에 돈도 그 모양으로 만들었던 것이에요. 이를 '명도전'이라고 불러요.

---

05 진시황이 중국을 통일하기 전, 중국이 여러 나라로 나뉘어 있던 시기(기원전 8세기~기원전 3세기).

우리나라 최초의 근대 화폐인 대동전. ⓒ국립중앙박물관

기원전 221년 무렵, 중국 진나라의 진시황은 청동 주화를 도입했어요. 중국 대륙을 최초로 통일한 황제인 그는 '도량형(度量衡; 길이 부피 무게)' 단위의 통일과 함께 화폐를 전국적으로 유통시켰어요.

그렇다면 우리나라의 경우는 어땠을까요? 해동통보 이후에 어떤 변화를 겪었는지 함께 알아보도록 해요.

고려시대를 지나 조선시대에 들어와서도 화폐는 원활하게 유통되지 않았어요. 농업을 근간으로 삼고 상업을 천시하는 분위기 때문이었지요. 조선 중기인 인조(재위 1623~1649년) 때 상평통보(常平通寶)라는 동전을 주조하여 상업이 발달한 개성을 중심으로 쓰임새를 확인하고 다음 왕인 효종 때 유통을 확대한 적이 있어요.

그렇지만 한양과 서북 일부에 통용되는 정도였고 일반 백성들 사이에서는 여전히 포와 쌀 같은 물품화폐가 지배적으로 쓰였지요. 상평

대한민국 초기 지폐들. 위에서부터 1949년 발행된 10원권, 1953년 화폐개혁(100원→1환) 후에 나온 100환권, 1962년 또 한 번의 화폐개혁(10환→1원) 후 발행된 500원권. ⓒ한국은행 화폐박물관

통보는 조선 말기까지 법화(공식화폐)로 존재했으나 끝까지 전국적이지는 못했어요.

그다음으로는 조선 후기 고종(재위 1863~1907년) 때 흥선대원군이 경복궁 재건을 위해 당백전이라는 주화를 발행한 적이 있어요. 하지만 물가가 오르는 등 경제가 타격을 받게 되자 통용을 중지했어요.

이어서는 서양 주화의 형태를 모방한 대동은전과 당오전 등이 발행됐어요. 잠깐 사용되고 말았지만 이를 계기로 현대식 화폐가 나오게 되었답니다.

이후의 화폐로는 은화와 백동화, 그리고 일제강점기 때 설립된 조선은행에서 발행한 지폐 등이 있어요.

광복 후 우리나라 한국은행에서 최초로 발행한 화폐는 6·25 전쟁 중에 찍은 1,000원권과 100원권이에요. 1950년 7월 일본에 제작을 의뢰하여 수입하는 방식으로 발행했어요. 이때 1,000원권 도안으로 사용된 것이 이승만 초대 대통령의 초상으로, 이후 4·19혁명 때까지 그의 초상만이 도안으로 사용되었답니다.

1960년대부터는 대통령 초상 대신 세종대왕, 율곡 이이, 퇴계 이황, 신사임당 등 위인들의 초상이 지폐의 인물로 등장해 현재까지 이어지고 있어요.

핵심 요약 3

동양에서는 기원전 221년,
중국을 통일한 진시황이 화폐 유통의 개척자야.

우리나라 최초 주화는
고려 성종 때의 '건원중보'.

고려 숙종은 각 지역에 음식점을 열고
주화가 유통되도록 했다.

조선시대까지도 쌀과 베가 보편적인 화폐였어.
상업을 천시해 주화 전파가 느렸기 때문이야.

한국은행에서 발행한 첫 현대적 지폐는
1950년에 나온 1,000원권과 100원권이야.

물가가 뭐야?

슈퍼마켓 안은 사람들로 붐볐어요. 승진이는 풀기 어려운 숙제를 받은 사람처럼 고민하는 표정으로 과자 코너에 서 있었어요.

'캐러멜 맛이냐, 초코 맛이냐. 그것이 문제로다.'

아빠가 승진이 곁으로 다가오며 물었어요.

"아직도 못 골랐어?"

승진이는 지그시 감고 있던 눈을 뜨며 왼쪽에 있는 과자를 향해 손을 뻗었어요.

"오늘은 너로 하겠다!"

아빠는 승진이의 진지한 행동에 웃음을 터뜨렸어요.

초코 맛 과자를 택한 승진이는 밑에 적힌 가격표를 보고 고개를 갸

웃했어요.

"어? 이거 분명히 1,000원이었는데. 왜 1,200원이 됐지?"

승진이는 다른 과자들의 가격도 살펴봤어요. 오르지 않은 것도 있었지만 승진이가 자주 먹던 과자들은 조금씩 가격이 올라 있었어요.

아빠는 과자 봉지를 앞뒤로 살펴보며 말했어요.

"어제 보니까 우유 값도 올랐던데, 물가가 올라서 과자 값도 올랐나 보다."

승진이는 물음표가 가득한 표정으로 아빠를 올려다봤어요.

'물가……? 강가처럼 물이 흐르는 곳을 말씀하시는 건가?'

아빠는 승진이의 표정을 읽지 못한 채 말을 이어 갔어요.

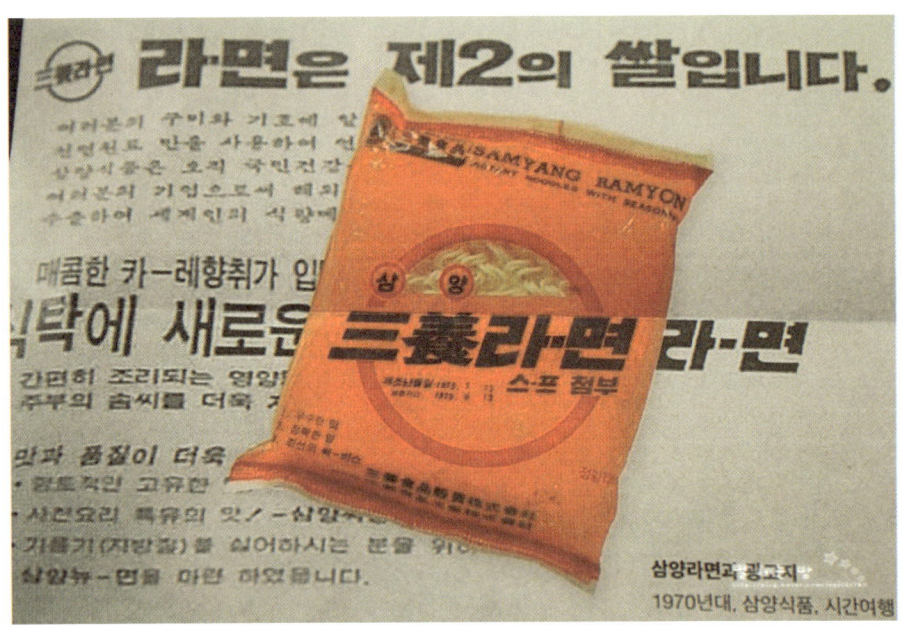

1970년대 라면 광고. 당시 라면 1개는 20원이었어.

"그나저나 이 과자가 아직도 있네. 아빠 어릴 때는 250원이었는데."

"아빠 어렸을 때는 이 과자가 250원이었다고요?"

아빠가 고개를 끄덕였어요.

"과자뿐만이 아니야. 네가 좋아하는 초코우유는 100원쯤 했겠나?"

승진이의 눈이 휘둥그레졌어요.

"우와. 내가 그때 태어났어야 했는데! 그럼 1,000원으로 과자랑 우유를 다 사 먹어도 많이 남았을 거잖아."

승진이는 아빠를 부러워하는 눈빛으로 바라보았어요.

"아빠 어릴 때는 정말 좋았겠네요."

승진이가 아쉽다는 듯 입맛을 다시자 아빠는 고개를 저었어요.

"그때의 200원이 지금의 2,000원인 거지. 시간이 지나면서 돈의 가치가 변하니까."

승진이는 아빠가 무슨 말을 하는지 전혀 이해가 가질 않았어요.

"돈의 가치가 변한다고요?"

물가는 모든 물건들의 가격을 종합해서 나타낸 것

1960년에는 자장면이 한 그릇에 15원이었어요. 가게마다 다르지만 지금은 적어도 4,000원이 넘는데 말이지요. 예전에는 15원이었던 자

가격은 물건이 지니고 있는 가치를 돈으로 나타낸 것.

장면이 지금 4,000원인 이유에 대해서 이렇게 말해요.

"물가가 올랐다."

그렇다면 물가는 무엇이고 왜 오르는 것일까요?

우리가 좋아하는 사탕, 축구하기에 딱 좋은 신발, 공부하기 위한 책에는 모두 가격이 매겨져 있어요. 사탕, 신발, 책뿐만 아니라 모든 물건들의 가격을 종합해서 나타낸 것을 '물가'라고 해요.

물건의 값은 수요(필요한 양)와 공급(제공되는 양)의 균형이 맞지 않을 때 가장 많은 영향을 받아요. 또, 날씨, 시대적 상황, 세계 정세의 변화에 따라서도 오르거나 내릴 수 있어요. 그럼 물가가 왜 오르고 또 왜 내려가는지 예를 들어서 알아보도록 해요.

물가가 오르는 제일 큰 이유는 원료나 원자재의 값이 오르기 때문이에요. 신발을 만드는 고무나 천의 값이 올랐다고 가정해 봐요. 생산자의 입장에서는 원자재의 값이 비싸니 물건을 많이 만들지 못하겠지요. 그런데 그걸 사고자 하는 사람의 수가 여전하다면 물건은 한정적이기 때문에 가격이 오르는 것이에요.

반대로 물가가 내려가는 경우는 어떨까요? 옥수수 값을 예로 들어 볼게요. 옥수수가 풍년이 들어서 시장 어느 곳에 가도 옥수수를 볼 수 있게 되었다고 쳐 봐요. 사람들이 매일 옥수수를 먹는 것도 아닌데 말이지요. 옥수수는 넘쳐 나지만 사는 사람이 그만큼 많지 않기 때문에 옥수수를 팔기 위해 가격을 내리게 되는 거예요. 다시 말하면 옥수수의 값이 떨어진 것이랍니다.

유행에 민감한 상품은 인기에 따라 값의 움직임이 빨라요. 새로 나온 옷은 처음엔 꽤 비싼 가격에 팔리지만 시기가 지나면 신선한 느낌이 사라져 인기가 떨어지게 돼요. 그럼 사는 사람이 적어져 옷의 값은 내려가게 되지요.

물건 값이 내린다고 무조건 좋은 건 아니에요. 농산물 값이 내려가면 1년 내내 열심히 농사를 지은 농부는 어떻게 될까요? 그만한 대가를 받지 못하니 살림살이가 어려워질 거예요. 또, 특정 공산품 값이 너무 떨어지면 그 제품을 만들던 회사가 망하거나 직원들이 임금을 제대로 못 받는 일이 생긴답니다.

대개는 시일이 지나면서 물가가 올라요. 경제활동을 하는 모든 사

매일 이용하는 찬거리는 물가를 가장 빠르게 체감할 수 있는 품목이야. ⓒFotolia

람이 더 많은 '수익'을 바라기 때문이지요. 농산물을 재배하는 사람도, 농산물을 이용하여 식당을 운영하는 사람도 수익이 필요해요. 식당을 운영하는 사람에게 식당 건물을 빌려준 사람도 수익이 필요하지요. 모두가 돈을 벌고자 하기 때문에 시간이 지나면 물가는 대체로 오르는 모습을 보여요.

그렇다면 과거와 현재의 물가를 한번 비교해 볼까요?

1970년에 100원이면 라면을 5봉지 사거나 돼지고기 250g을 살 수 있었어요. 라면은 1봉지에 20원이었고, 돼지고기는 100g당 40원 정도 했으니까요.

그렇다면 지금은 100원으로 무엇을 살 수 있을까요? 100원으로는 곤란하고 200원은 주어야 막대사탕이나 낱개 과자, 볼펜심 같은 걸 하나 살 수 있겠네요.

이처럼 시간이 흐르면서 돈의 가치는 변해요. 같은 100원이어도 옛날과 지금의 가치가 다른 것처럼 말이지요.

그래서 '화폐 구매력'이라는 말을 써요. 1988년에 100원이던 라면이 지금 700원이라면, 라면시장에서 당시 100원과 현재 700원의 화폐 구매력은 같은 거예요.

핵심 요약 4

원료와 원자재 값이 오르면
물가도 올라가.

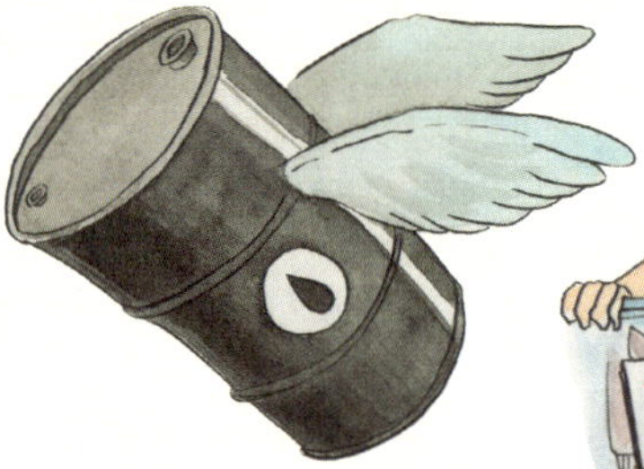

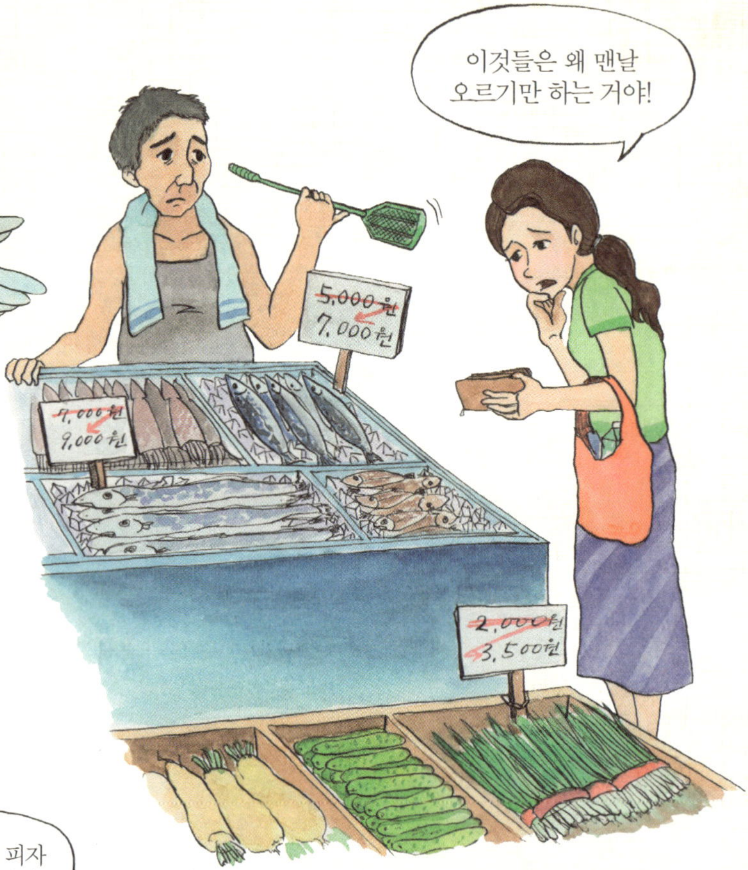
이것들은 왜 맨날
오르기만 하는 거야!
5,000원
7,000원
7,000원
9,000원
2,000원
3,500원

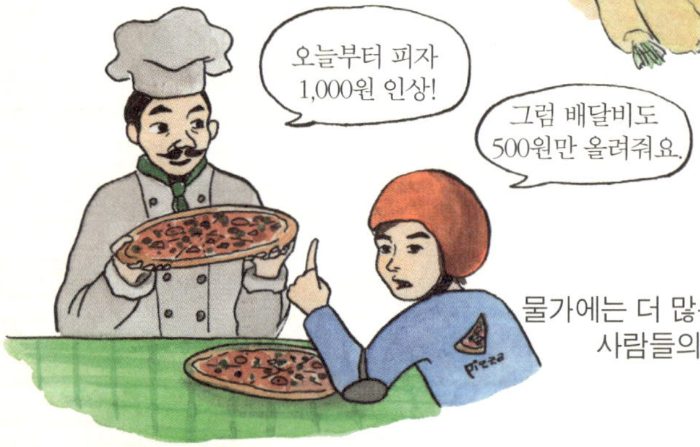
오늘부터 피자
1,000원 인상!
그럼 배달비도
500원만 올려줘요.
pizza

물가에는 더 많은 수익을 올리고 싶은
사람들의 마음도 작용해.

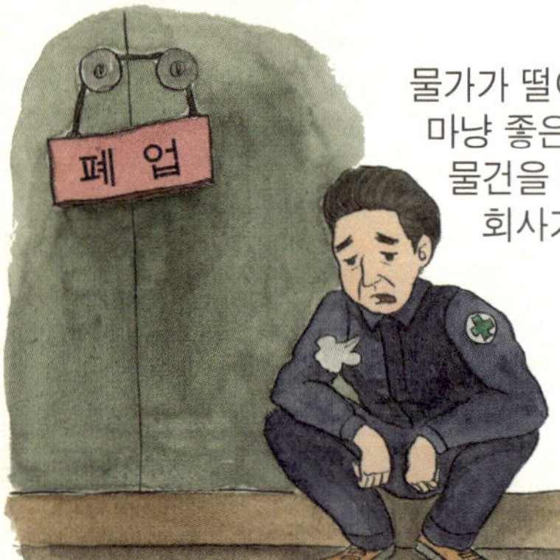
폐 업

물가가 떨어진다고
마냥 좋은 건 아냐.
물건을 만들던
회사가 망할 수도 있어.

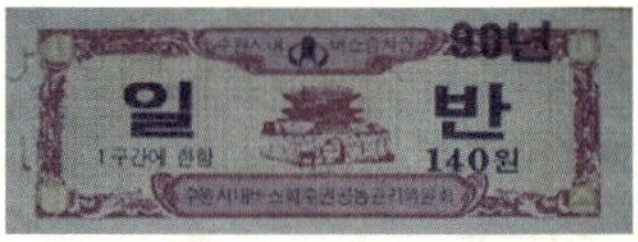
일
반
1구간에 한함
140원

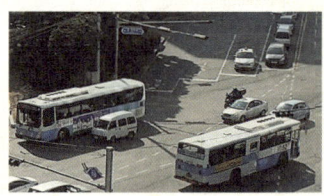

1988년 버스요금 140원, 지금은 1,500원!
하지만 화폐 구매력 면에서는
비슷한 요금이라고 할 수 있어.

지폐를 가져오면 금으로 바꿔 준다고?

1800년대 초반, 영국에서의 일이에요.

"이제부터 종이로 만든 화폐를 써야 합니다."

영국 정부에서는 화폐의 실용성을 고려하여 지폐를 찍어 내기 시작했어요. 하지만 사람들의 반응은 시큰둥했어요.

"종이에 숫자 몇 개 쓰여 있는 걸 어떻게 돈으로 쓴단 말이야?"

"난 물건을 팔 때 예전처럼 은화로 받을래."

영국은 오래전부터 금과 은으로 만든 주화를 사용했기 때문에 사람들은 종잇조각에 불과한 화폐를 믿지 않았어요.

"아무래도 안 되겠습니다. 이러다간 찍어 낸 지폐만 폐기시키게 생겼어요."

'금 = 화폐', 이 관계는 상거래의 역사라 해도 틀리지 않아.
ⓒFotolia

영국 정부는 사람들에게 지폐에 대한 신뢰를 주고자 했어요. 그래서 이렇게 공표했습니다.

"지폐를 은행으로 가져오면 금으로 바꿔 주겠습니다."

사람들은 웅성거리기 시작했어요. 종잇조각을 귀한 금으로 바꿔 준다고 하니 처음엔 믿기지 않았어요. 하지만 지폐를 가지고 은행에 갔던 사람들이 금을 들고 나오자 지폐를 사용하는 사람이 점점 늘기 시작했어요.

"지난달에 지폐 10만 파운드를 가지고 은행에 갔더니 그에 맞는 금으로 바꿔 줬지 뭐야?"

"그래? 나도 오늘 은행에 가서 이 지폐를 금으로 바꿔 와야겠군."

은행에서는 사람들이 지폐를 가져오면 교환 비율에 맞춰 그에 상응하는 금으로 바꿔 줬어요. 화폐의 가치가 금에 의해 좌우되는 이러한 정책을 '금본위제'라고 불러요.

보유한 금의 양이 적다면 선택하기 어려운 정책이었어요. 하지만 세계 곳곳에 식민지를 두어 나라 밖에서 많은 금을 들여왔던 영국은 어느 나라보다 금 보유량이 많았기에 자신 있게 지폐를 유통시켰어요.

영국은 시장 내에서 지폐와 금이 원활하게 돌아갔기 때문에 금본위제를 이어 갔어요. 그런데 1914년 제1차 세계대전이 일어나면서 문제가 생겼어요. 전쟁을 수행하자면 군함, 탱크 등 각종 무기를 만들거나 사야 해서 많은 돈이 필요했어요. 영국도 마찬가지여서 돈을 더 찍어 내야 했어요.

"이대로 가다간 금이 부족할 것 같습니다."

영국은 지폐의 총액이 금의 적정 보유량 수준을 넘어서자 지폐와 금의 교환 비율을 바꾸어 나갔어요. 금 한 덩이당 지폐 100파운드이던 것을 200파운드, 300파운드로 올리는 식이었지요. 그러다 보니 금값도 덩달아 폭등했어요.

하지만 이마저도 오래가지 못했어요. 제1차 세계대전이 4년이나 계

제1차 세계대전. 전쟁은 많은 돈을 쓰이게 해서 금본위제가 사라지는 계기가 되었지.

속되었기 때문이에요. 영국은 전쟁 수행과 전쟁 후의 복구를 위해 많은 돈이 필요했어요.

"더 이상 지폐와 바꿔 줄 금이 없습니다."

한정된 금으로 인해 돈을 발행하기 어렵게 되자 1931년 영국은 금본위제를 폐지하게 되었어요. 이후는 정부의 신용으로 돈을 발행하는 관리통화체제로 바뀌게 되었고, 현재 금본위제를 유지하는 나라는 없어요.

금본위제와 함께 대중화된 지폐!

우리가 쓰는 5만 원권, 1만 원권, 5,000원권 등은 '지폐'예요. 이 지폐가 돈으로서의 기능을 해낼 수 있는 것은 사회적으로 약속이 되어 있기 때문이에요.

2,000원짜리 아이스크림을 사기 위해 점원에게 5,000원을 줬다고 가정해 봐요. 그럼 점원이 거스름돈으로 3,000원을 내어 주겠지요? 이건 사회에서 지폐의 값어치가 약속되어 있기 때문에 가능한 일이에요.

우린 이미 그 약속에 익숙해져 있기 때문에 하나도 이상할 것이 없어요. 하지만 그 약속이 처음 만들어졌을 때 사람들은 쉽게 받아들이지 못했어요. 겨우 종잇조각에 불과한 지폐를 믿을 수 없었던 거지요.

중국인들은 11세기부터 은과 교환이 가능한 지폐를 사용했어요. 한자어로 은행(銀行)이 '은의 이동'이란 뜻을 가진 것도 이 때문이에요. 지폐를 유통시키기 위해 은과 바꿔 줌으로써 지폐에 대한 믿음을 준 것이지요.

금을 지폐로 바꿔 준 것은 19세기부터예요. 대표적인 국가가 영국이지요. 영국은 지폐를 대량으로 유통하여 경제를 활성화시키기 위해 금본위제를 채택했어요.

금본위제에서 금은 지폐와 교환할 수 있는 가치를 가짐으로써 경제를 안정시키는 한편, 국제 거래에서 환율을 결정하는 역할을 했어요. 예를 들어, 영국이 금 1온스를 1파운드로 정하고 미국이 금 1온스를 2달러로 정했다고 하면 '1파운드 = 2달러'라는 환율이 정해지게 되는 것이지요. 환율은 국제수지[06]를 조정하는 보이지 않는 역할까지 수행

---

06   일정 기간 한 나라와 다른 나라 사이에서 이루어진 경제적인 거래를 집계한 결과.

1800년대 멕시코 은화. 경제 규모가 커진 이제 금화와 은화는 주로 기념주화로 발행돼. ⓒ국립중앙박물관

했어요.

국제교역 규모가 크지 않았던 20세기 초까지 금본위제는 매우 유용한 국제결제 시스템으로 작용했어요. 하지만 두 번의 세계대전과 1929년부터 10년이나 지속된 미국의 경제대공황을 거치면서 문제점을 드러냈어요.

전쟁 후 재건이나 경제대공황은 원인은 달라도 경제를 살려야 하는 일이었어요. 이를 위해서는 통화량[07] 공급 증대나 재정 확대 정책이 필요했지요. 이는 한정된 금 공급량으로 인해 화폐를 충분히 늘릴 수 없는 금본위제 아래서는 사용하기 어려운 정책 수단이에요.

다시 말해 기계로 찍어 내는 화폐와 달리 금은 광산에서 캐내야 하는 유한한 자원이기 때문에 늘리려는 화폐의 양만큼 준비할 수 없다는 뜻이에요.

영국, 미국 등은 금본위제를 포기한 후에야 혼란에서 빠져나올 수 있었어요. 금본위제 정책을 버린 나라들은 통화 공급을 확대하고 정부의 재정 지출을 늘려 경제의 어려움을 해결할 수 있었답니다.

---

07   시중에 돌아다니는 돈의 유통량을 뜻해요.

처음에 사람들은
지폐의 가치성을 믿지 못했어.

영국은 지폐를 유통시키기 위해
금본위제를 처음 실시했다.

금은 무한정 나오는 것이 아니어서
금본위제는 커 가는 경제 규모를 감당할 수 없었어.

현재 세계 각국은 정부의 신용으로
돈을 발행하는 체제가 대세!

6. 세계 경제를 움직이는 돈, 달러와 유로

안녕? 너도 내가 보고 싶었니? 당연히 그랬을 거야. 내 인기야 세계에서 최고니까. 하하! 난 하루 24시간 단 한순간도 자지 않으니까 여기저기서 찾는 소리를 모두 들을 수 있어.

이름 소개하는 걸 깜빡했네. 내 이름은 '달러'야. 너도 알다시피 난 화폐의 단위지. 가장 유명한 내 모습은 아마도 미국의 '달러'일 거야. 미국의 막강한 경제력 때문에 널리 통용되고 있거든. 나를 화폐 단위로 쓰는 나라는 여기저기 많아. 캐나다, 호주, 뉴질랜드도 나를 쓰지. 물론 부르는 이름만 같을 뿐 화폐의 생김새도 가치도 달라.

어느덧 230살이 넘은 내 소개를 해 볼게. 달러라는 내 이름은 누가 지어 줬게? 당연히 미국이라고 생각하겠지만 답은 NO! 내 이름은 저

먼 체코에서부터 시작되었어.

독일이 신성로마제국이던 시절, 지금은 체코 땅인 요아힘스탈의 광산에서는 은을 캐냈어. 거기서 캔 은으로 만든 은화를 '요아힘스탈러 그로센'이라고 불렀지. 근데 이름이 너무 길잖아? 그래서 '탈러'라고 줄여서 불렀어.

탈러는 독일제국이 마르크화를 도입하기 전까지 화폐 단위로 쓰였어. 탈러는 여러 나라를 거치며 발음이 변했는데 스페인에 가서는 '다레라'가 되었고 그게 미국에 가서 '달러'가 된 거야. 난 이름 하나에도 역사가 있는 몸이라고. 에헴!

사람들은 나를 기호로 '$'라고 써. 자주 사용되는 달러는 $1, $5, $10, $20짜리인데 $50, $100짜리도 있긴 해. 달러 지폐에는 미국 역사에서 중요한 위치를 차지하는 대통령과 정치인들이 그려져 있어.

지금의 나는 세계에서 가장 영향력이 있는 돈이야. 국제통화기금인 IMF가 나를 국제결제수단으로 채택했거든. 국제결제수단이 되니까 나라 간에 물건을 수출하거나 수입할 때 달러로 계산을 하더라고. 그러니 내가 가장 힘이 센 돈이 될 수밖에! 하지만 나도 처음부터 힘 있는 돈은 아니었어.

1776년 독립선언을 한 미국은 1783년 파리조약에서 독립이 승인될 때까지 미국만의 화폐가 없었어. 영국, 프랑스, 스페인의 지폐와 금화는 물론 각 주(州)[08]에서 발행한 화폐들을 사용했지.

---

08 미국은 50개의 주와 1개의 특별구(워싱턴 D.C)로 이루어져 있지만 건국 당시에는 동부 13개 주였음.

달러는 자본주의를 반대하는 공산국가에서조차 탐을 내. 세계의 돈이니까. ⓒFotolia

　난 1785년에 열린 대륙회의에서 태어났어. 그때 만장일치로 미국의 기준통화를 '달러'라고 선언하고 공식 발행하기 시작한 거야. 그래도 미국 전역에서 쓰이는 데까지는 시간이 걸렸어. 각 주에서 자체 화폐를 찍어 내고 있었거든. 1913년에 연방지폐를 제외한 나머지 돈의 발행을 금지하고서야 나는 미국의 화폐로 자리 잡을 수 있었어.

　내가 세계적으로 힘을 갖게 된 건 20세기에 들어서면서부터야. 19세기 때만 해도 힘이 가장 센 돈은 영국의 파운드화였거든.

　내 운명을 바꾼 건 제1차 세계대전이야. 영국은 전쟁에서 이기기 위해 많은 돈을 썼어. 이곳저곳에서 파운드화가 넘쳐 나면서 화폐의 가치가 떨어지기 시작했지. 그 시기에 미국은 무기 판매를 통해서 엄청

난 돈을 벌었고 말이야.

무역 강국으로 거침없는 행보를 보인 미국은 세계 곳곳으로 뻗어 나갔어. 자연스럽게 세계 여러 곳에서 달러로 결제할 수 있게 되었지. 한마디로 달러의 시대가 열린 거야.

이어 제2차 세계대전을 겪으면서 미국은 완벽한 승자로 거듭났어. 달러는 드디어 파운드화를 왕좌에서 밀어내고 세계에서 가장 힘 있는 돈이 되었어.

그런데 요즘의 나는 이만저만 불안한 게 아니야. 미국의 경제적 위상이 예전만 못해서 달러의 지위가 흔들리기 때문이지. 게다가 유럽의 공용 화폐로 등장한 유로(€)와 미국 경제를 위협할 만큼 성장한 중국의 위안(元)이라는 굉장한 라이벌까지 있으니 나도 긴장해야겠지?

20세기 중반 최강대국이 된 미국과 함께 떠오른 달러!

지구상에는 250개국 이상의 나라가 존재해요. 그중 한정된 몇 나라의 통화만이 국제거래에 쓰이고 있어요. 세계의 통화 역할을 담당하는 셈이지요. 이를 '기축통화'라고 불러요.

제2차 세계대전 이후 국제무역이 활발해지고 규모가 커짐에 따라 미국 달러를 기축통화로 사용하게 되었어요. 강대국으로 부상한 미

국제적인 위상이 높아진 중국의 위안화.
ⓒFotolia

국은 세계은행으로서의 역할을 수행할 능력을 갖추고 있었기 때문에 가치가 안정적인 달러가 세계를 움직이는 돈으로 지정된 것이에요.

미국은 강대국인 동시에 여기저기에 빚을 가장 많이 진 채무국이기도 해요. 달러를 스스로 찍어 내고 있다는 자신감 때문에 국채를 과도하게 발행했기 때문이에요.

국채란 정부가 각종 정책 수행에 필요한 돈이 부족할 때 발행하는 채권이에요. 채권은 국가나 기업이 일정 기간이 지난 후 이자를 붙여서 돌려주겠다는 약속을 하고 돈을 빌리면서 발행하는 증서로, 개인뿐만 아니라 다른 나라 정부도 살 수 있지요.

국채를 발행한다는 건 결국 정부가 '빚'을 지는 거예요. 알다시피 빚이 늘어나는 건 안 좋은 일이겠지요? 이 때문에 달러의 가치가 예전 같지 않다는 평가를 받고 있어요.

힘을 잃어 가는 달러의 뒤를 바짝 쫓고 있는 화폐는 '유로'예요. 유로화는 유럽을 하나의 경제권으로 묶은 유럽연합 27개 회원국 중 19개 국에서 공식 채택하고 있어요. 유럽연합 회원국만 해도 약 3억 3,000

만 명인 사람들이 쓰고 있으니 그 신뢰도가 날로 높아지고 있지요.

유로의 가장 큰 장점이자 단점은 정치적인 배경이에요. 유럽 여러 나라가 생활 속에서, 무역에서 널리 쓰고 있기 때문에 가치가 빠르게 높아질 수 있었지만 유럽연합이 계속 존속할 수 있을지는 알 수 없어요. 만약 유럽연합이 해체되고 각 나라가 다시 자국 통화를 쓰겠다고 한다면 유로는 한순간에 사라질 거예요.

달러와 유로만큼은 아니지만 또 하나 영향력 있는 통화로는 중국의 위안화를 들 수 있어요. 중국은 2조 8,000억 달러, 우리나라 돈으로 3,360조 원 이상의 외환을 보유한 세계 최대의 외환보유국이에요. 중국은 세계 최대의 수출국이면서 다른 나라에 비해 빚도 적고 재정도 비교적 안정적이지요. 이에 따라 중국은 최근 위안화를 국제 간 결제에 쓰는 등 위안화의 위상을 높이려는 노력을 하고 있어요.

위안화가 기축통화가 되는 데 가장 큰 걸림돌은 중국의 정치체계예요. 중국은 공산주의 국가이기 때문에 자본의 이동을 규제해요. 세계의 통화가 되려면 환율이 국제외환시장에서 자유롭게 결정되도록 허용해야 하는데 정부가 환율을 통제하는 것이지요.

그렇기 때문에 위안화가 기축통화로 자리매김할 수 있을지는 좀 더 지켜봐야 하는 상황이에요.

중앙은행에는 저금을 할 수 없다고?

책상에 턱을 괴고 있는 동혁이의 머릿속은 복잡했어요.

'어떻게 하지? 살까? 말까?'

동혁이는 서랍 속에 아껴 둔 8만 원을 꺼내 만지작거리며 고민을 하고 있었어요.

'이 돈이면 당장 마스크 마스터즈 로봇을 살 수 있어. 하지만 2만 원만 더 모으면 비행기로 변신하는 합체 로봇을 살 수 있는데······.'

동혁이는 그동안 아빠가 엄마 몰래 준 용돈에다가 어제 할아버지가 주신 돈을 보태 8만 원을 모은 상태였어요.

'그래. 이왕이면 돈을 더 모아서 합체 로봇을 사자!'

결론을 내린 동혁이는 홀가분한 마음으로 방에서 나왔어요.

1912년 건립된 한국은행 본관(사적 280호). 지금은 화폐박물관으로 쓰이지.
ⓒ한국은행 화폐박물관

아빠와 할아버지는 소파에 앉아 뉴스를 보고 계셨어요. 텔레비전 속 아나운서는 다음 소식을 전했어요.

"미국의 중앙은행인 연방준비제도의 금리[09] 인상을 앞두고 〇〇〇 한국은행 총재가 국제회의에 참석하기 위해 출국했습니다."

"한국은행? 처음 들어 보는데?"

동혁이는 고개를 갸웃하며 아빠 옆에 앉았어요.

"동혁이가 아직 한국은행을 모르나 보구나. 한국은행은 우리나라의 중앙은행이야."

---

09 금리란 한마디로 '돈의 사용료'예요. 저축하거나 대출하는 돈에 매기는 기간당 이자를 비율로 표시한 것이지요.

©Fotolia

중앙은행이라는 말에 동혁이는 더욱 아리송해졌어요.

"중앙은행은 다른 은행이랑 달라요?"

동혁이의 질문에 아빠는 고개를 끄덕였어요.

"그럼~ 다르지. 중앙은행은 우리나라의 금융기관 중에서 가장 중요하다고 할 수 있어."

동혁이는 아빠의 말을 듣고 좋은 생각이 떠올랐어요.

'통장에 넣어 놓으면 이자가 붙어서 돈이 늘어난다고 했지? 가장 중요한 은행이면 분명 이자도 더 많이 줄 거야. 그럼 합체 로봇도 더 빨리 살 수 있겠다.'

동혁이는 거실에서 저녁을 준비하는 엄마의 눈치를 살피며 아빠의 귓가에 속삭였어요.

"아빠. 한국은행에서 통장 하나 만들어 주세요. 거기에 저금할래요."

동혁이의 귓속말이 컸는지 옆에서 잠자코 있던 할아버지가 껄껄 웃었어요.

"어쩌지? 한국은행에는 저금을 할 수 없는데?"

동혁이는 몸을 돌려 할아버지를 봤어요.

"네? 은행이라면서요? 근데 왜 저금을 할 수 없어요?"

"한국은행은 일반 은행과 다르거든."

"그럼 통장도 만들 수 없단 거예요?"

아빠와 할아버지는 동시에 고개를 끄덕였어요. 동혁이는 다시 묻지 않을 수 없었어요.

"그럼 도대체 중앙은행에서는 뭘 하는데요?"

나라의 돈을 관리하는 은행의 은행!

은행은 은행인데 저금은 할 수 없는 중앙은행에 대해서 자세히 알아봅시다.

중앙은행은 나라의 돈을 관리하는 곳이에요. 우리가 흔히 보는 은행들의 가장 위에 존재하지요. 이곳에서 하는 특별한 일 중 하나는 화폐를 발행하는 것이에요.

화폐를 만드는 곳은 조폐공사이지만 돈을 얼마나 만들어 낼지 결정하는 기관은 중앙은행이에요.

중앙은행은 국가경제의 안정과 발전을 위해 적당한 양의 돈을 만들어 내고 사람들 속에서 돈이 잘 돌고 있는지 늘 확인하고 조정해요. 특히 물가가 갑자기 너무 오르지 않도록 돈의 양과 흐름을 세심하게 관리한답니다.

우리는 돈을 저금하거나 빌리고 싶을 때 은행을 찾아요. 만약 은행이 자금난을 겪어 돈을 빌리고 싶다면 어디를 찾을까요? 중앙은행은 은행들이 돈을 빌리거나 맡기는 곳이에요. '은행의 은행'이라고 할 수 있지요. 중앙은행에서는 은행들의 돈을 맡아 놨다가 급한 일이 생긴 은행에 빌려주기도 해요.

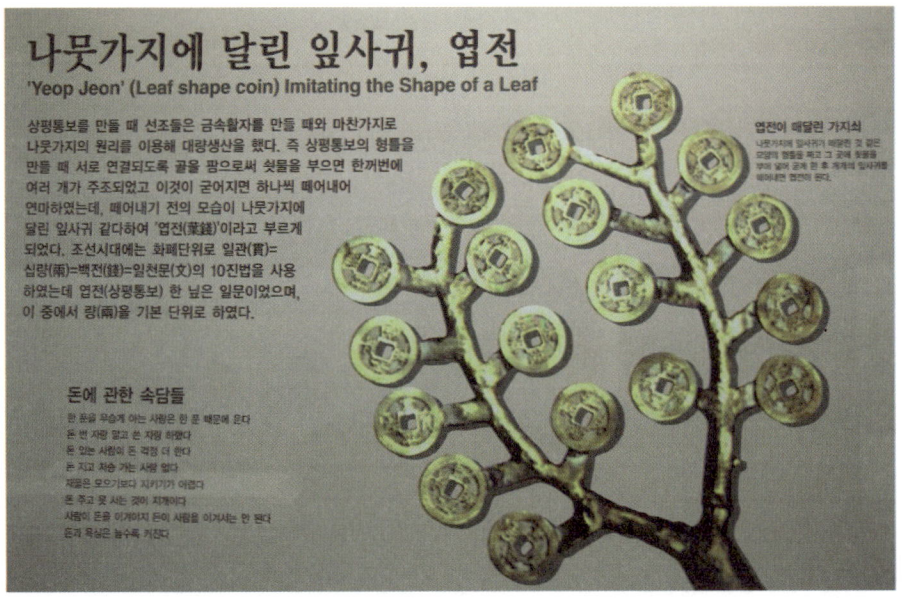

쇳물을 부어 여러 개의 주화를 만들던 옛날, 그 모습이 나뭇잎 같다 하여 '엽전'이라는 말이 생겼어. ⓒ한국조폐공사 화폐박물관

또한 중앙은행은 정부의 은행이에요. 정부는 국민들에게서 거둔 세금을 중앙은행에 맡겨 놓고 사용해요. 정부가 돈이 부족하면 중앙은행에서 빌리기도 하지요. 중앙은행은 또 외국 돈을 관리하고 경제 현황을 조사하는 등 국가 경제의 안정과 발전에 관련된 일을 해요.

그렇다고 해서 중앙은행이 일반 사람들과 아무런 연관이 없는 것은 아니에요.

'3%의 이자를 주는 은행과 4%의 이자를 주는 은행.'

우리가 예금을 한다면 당연히 이자를 많이 주는 은행을 택할 거예요. 그런데 은행도 따지고 보면 이윤 추구를 목적으로 하는 기업이에요.

이자를 주는 예금상품을 만들어 고객을 유치하고, 그렇게 모은 돈을 다른 사람이나 기업에 더 높은 이자로 빌려주어서 수익을 얻지요. 그러다 보니 은행들은 서로 많은 고객을 유치하기 위해 이자를 놓고 경쟁을 벌이기도 해요.

중앙은행은 이런 경쟁이 너무 과열되지 않도록 6주에 한 번씩, 1년에 여덟 번 기준금리를 정해서 발표해요. 일반 은행들은 중앙은행의 기준에 맞춰서 이자율을 올리거나 낮춰요. 사람들은 이에 따라 이자가 높을 때는 저축을 늘려서 돈을 불리기도 하고, 이자가 낮을 때는 은행으로부터 돈을 빌려서 집을 사거나 사업을 키우기도 해요.

중앙은행은 이런 여러 역할을 통해 국가 경제를 건강하게 관리하는 데 기여해요.

세계 모든 나라에는 중앙은행이 하나씩 있어요. 미국의 연방준비은행, 영국의 잉글랜드은행, 프랑스의 프랑스은행, 일본의 일본은행 등이 이에 속해요.

우리나라의 중앙은행은 한국은행이에요. 최초의 중앙은행은 1909년에 설립되었지만 지금의 중앙은행의 모습을 띠게 된 것은 1950년대 이후랍니다. 그리고 중앙은행을 이끄는 사람을 일러 총재라고 부르는데(일반 은행은 은행장), 특별히 대통령이 임명해요.

조선시대 조폐공사 격인 주전소에서 주화를 만들던 모습. ⓒ한국조폐공사 화폐박물관

핵심 요약 7

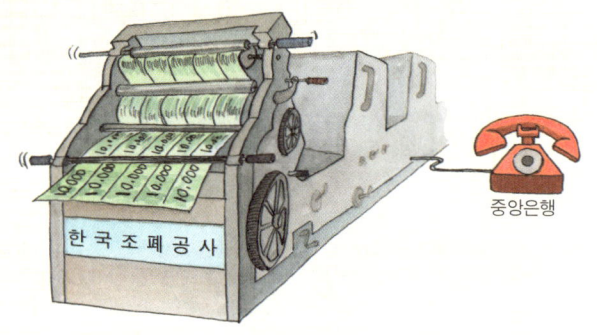

돈을 찍어 내는 곳은 조폐공사이지만
그 명령을 내리는 곳은 중앙은행이야.

중앙은행은 물가가 안정될 수 있도록
돈의 양과 흐름을 조절해.

난 특별해서 은행들만 상대해.

중앙은행은 금리가 안정되도록 기준도 정해 주지.

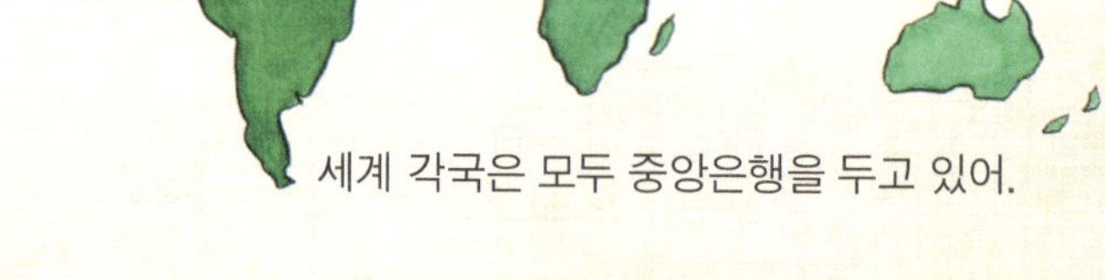

세계 각국은 모두 중앙은행을 두고 있어.

화폐를 개인이 만들 수 있다? 없다? 8

프랭크 애버그네일은 화목한 가정에서 행복한 유년시절을 보냈어요. 아버지의 카드로 물건을 사고 되파는 식으로 돈을 챙기는 말썽을 부린 적은 있었지만 큰 문제가 되진 않았어요. 그는 똑똑했기 때문에 친구들에게도 꽤 인기가 있었어요.

프랭크의 불행은 아버지가 사업에 실패하며 시작되었어요. 아버지가 경제적으로 힘들어지자 화목한 가정에도 조금씩 균열이 일어났어요. 부모님이 이혼까지 한 후 아직 10대 청소년이던 프랭크는 마음의 상처를 감당할 수 없었어요. 그는 결국 집을 뛰쳐나왔어요.

프랭크는 우리나라 돈으로 3만 원이 채 안 되는 금액을 들고 달리며 다짐했어요.

"돈을 많이 벌어서 아버지의 사업을 다시 일으킬 거야!"

프랭크는 세계경제의 중심이라는 미국 뉴욕의 맨해튼에 도착했어요. 그러나 당찬 포부와는 달리 일을 구하는 것은 쉽지 않았어요. 겨우 열여섯 살밖에 안 된 소년을 써 주는 회사가 없었기 때문이에요.

프랭크는 돈이 없었지만 집에 돌아가고 싶지 않았어요. 그때 그는 돈을 벌 수 있는 좋은 생각이 떠올랐어요.

미국에는 현금이 없어도 은행으로부터 돈을 빌려 쓸 수 있는 수표책이란 게 있어요. 이 종이에 받을 사람 이름과 금액, 그리고 자신의 서명을 기입하면 현금과 동일한 힘을 가지게 돼요. 신용이 가장 중요하다고 생각하는 미국 금융 시스템의 상징과도 같은 것이에요.

나이보다 성수해 청년처럼 보였던 프랭크는 적은 금액의 수표책을 위조하여 은행 창구 앞에 섰어요. 그는 거세게 두근거리는 마음을 애써 누르며 위조수표를 내밀었어요. 액수가 작았기 때문인지 직원은 별 의심 없이 돈을 내주었어요.

'위조수표를 돈으로 바꾸다니!'

프랭크는 수차례 위조수표를 만들었어요. 성공률이 날로 높아지자 프랭크는 점점 더 대담해졌어요.

'더 큰 돈을 벌려면 훌륭한 신분이 필요해!'

프랭크가 아무리 위조 기술에 뛰어나다고 해도 '신용'을 만들 수는 없었기 때문이에요. 신분을 위조하기로 마음먹은 프랭크가 생각한 직업은 비행기 조종사였어요. 당시 비행기 조종사는 굉장한 인기를 누리고 있었어요. 유니폼을 구해서 갖춰 입은 프랭크는 비행기 조종사로 신분을 포장한 후 위조수표를 들고 은행을 찾았어요.

"어서 오십시오. 얼마나 쓰실 건가요?"

조종사 유니폼을 입고 건네는 위조수표를 통해 프랭크는 어마어마한 신용을 얻게 되었어요. 훌륭한 신분은 신용을 획득한다는 프랭크의 계산이 딱 맞아떨어졌어요.

프랭크는 사기를 멈출 수 없었어요. 그는 조종사에서 의사로, 변호사로 신분을 바꿨어요. 같은 이름을 계속 쓰면 의심받을 수 있기에 8개의 가명도 만들어 사용했어요.

또, 위조수표를 한 곳에서만 쓰면 금방 꼬리가 잡히기 때문에 26개의 나라와 미국 전역을 돌며 사용했어요. 프랭크는 위조수표를 발행하여 250만 달러에 이르는 거액을 손에 넣었어요. 28억 원 정도의 돈을 사기

미국의 위조지폐범 실화를 그린 영화 〈Catch me if you can〉.

5만 원권에 적용된 위조방지 기술. ⓒ한국은행 화폐박물관

친 셈이에요.

대담한 사기꾼 프랭크는 결국 어떻게 되었을까요?

프랭크는 1969년 프랑스에서 체포되었어요. 사기를 저지른 12개국에서 그의 송환을 요구했지요. 12개국에서 모두 그에게 벌을 주길 원했다는 뜻이에요. 그는 프랑스의 감옥에서 1년을 지내다가 스웨덴으로 보내져 6개월간 더 수감되었어요. 그리고 미국으로 추방되어 12년 형을 선고받고 감옥에 들어갔어요.

그는 가짜 신분으로 사람들을 속일 만큼 똑똑한 머리를 갖고 있었지만 재능을 화폐 위조와 사기에 썼고, 그 결과 돌아온 건 허무한 감옥 생활뿐이었어요.

석방된 프랭크는 현재 국가기관, 금융기관, 일반 회사에 사기, 도용, 위조에 대한 자문을 제공하여 위조지폐가 나오지 않도록 도와주는 일을 하고 있어요.

위조화폐 제조는 사회 질서를 어지럽히는 범죄!

위의 이야기는 희대의 사기꾼이자 화폐 위조범으로 꼽히는 프랭크 에버그네일의 사연이에요. 그의 이야기는 〈캐치 미 이프 유 캔(Catch me if you can)〉이라는 영화로 만들어지기도 했어요.

프랭크의 사기 행적을 통해 결국 화폐든 수표든 돈을 개인이 발행해서는 안 되고, 아무리 똑똑한 사람이라고 해도 완벽한 위조화폐를 만들 수 없다는 것을 알 수 있어요. 그럼에도 불구하고 위조화폐를 만드는 사람은 아직도 많아요.

주로 액면가가 높은 지폐를 위조하는데, 한국은행에 따르면 한 해 발견되는 위조지폐 수는 500장 안팎이라고 해요. 화폐를 위조하거나 변조하면 2년 이상의 징역형에 처해지고 위조화폐를 취득하거나 알면서 사용한 경우에도 징역 또는 벌금형을 받게 돼요.

화폐를 위조하는 일은 오래전부터 있어 왔어요. 10세기 중국 송나라에서 위조화폐 기술자를 관리로 채용했다는 기록이 있는 것으로 보아 옛날에도 위조화폐를 단속했다는 걸 알 수 있어요.

또, 12세기 영국에서는 화폐 위조범 100여 명을 체포하여 손목을 잘랐다는 기록이 있어요. 뿐만 아니라 미국 남북전쟁이나 세계대전 중에 상대국의 경제를 흔들기 위해 위조지폐를 만들기도 했어요.

복사 기술과 인쇄술이 발달하면서 화폐 위조 기술도 발전했기 때문에 위조 방지를 위한 노력이 더욱 중요시되고 있어요. 우리나라 화폐는 세계 최고 수준의 위조 방지 장치를 마련했지요. 5만 원권만 해도 열여섯 가지의 위조 방지 장치가 마련되어 있어요.

어린이도 쉽게 할 수 있는 위조지폐 확인 방법! 알아볼까요?

1) 지폐를 만져 보세요.

위조지폐를 구분할 수 있는 가장 쉬운 방법으로, 5만 원권을 예로 들어 볼까요?

진짜 5만 원권은 신사임당 초상화나 뒷면의 월매도, 문자, 숫자 등을 만졌을 때 오돌토돌한 촉감을 느낄 수 있어요. 특수 조각기법으로 만든 인쇄판에 잉크를 채워 초상화의 선과 글자 등을 볼록하게 인쇄하는 기법으로 만들었기 때문이에요.

2) 지폐를 들어 빛에 비춰 보세요.

5만 원권 지폐를 빛에 비춰 보세요. 그럼 지폐 왼쪽에 숨겨진 초상화가 나타날 거예요. 진짜 지폐는 제작 과정에서 용지의 두께와 밀도의 차이를 이용하여 초상화를 숨겨 놓기 때문이지요. 프린터로 출력한 위조지폐에서는 숨은 초상화가 나타나지 않는답니다.

3) 지폐를 위아래로 기울여 보세요.

반짝거리는 홀로그램과 부분노출 은선(銀線)이 보이고, 지폐 뒷면의 금액을 나타내는 숫자 색깔이 변하면 진짜 지폐예요.

앞면 왼쪽의 홀로그램은 보는 각도에 따라 우리나라 지도, 숫자와 태극 문양, 4괘 무늬 세 가지가 번갈아 나타나요. 특히 부분노출 은선에서는 태극 문양이 움직이는 것을 볼 수 있어요.

9 왜 돈을 팡팡 찍어 내지 않는 거지?

아프리카 짐바브웨에 사는 소년 나바이는 달걀을 사기 위해 시장으로 향했어요.

"아줌마. 달걀 세 알 주세요."

"한 알에 350억 달러니까 1,050억 달러를 주면 되겠구나."

나바이는 어깨를 흔들며 콧소리를 냈어요.

"50억만 깎아 주시면 안 돼요? 1,000억밖에 안 가지고 왔거든요."

"미국 달러나 중국 위안화 가진 거 없니? 그걸로 내도 괜찮다."

나바이는 1,000억 짐바브웨 달러가 든 지갑을 보여 주며 말했어요.

"정말 이것뿐이에요."

아줌마는 달걀 세 알을 봉지에 담은 후 나바이에게 건넸어요.

"이번에만 깎아 주는 거다. 다음엔 꼭 제값을 내렴."

나바이는 기쁘게 달걀을 받아 들며 소리 높여 대답했어요.

"네! 감사합니다!"

나바이는 1,000억 달러를 주고 산 달걀을 들고 집으로 돌아왔어요.

우리나라에서 1,000억 원이면 어떤 것을 살 수 있을까요? 승객 100여 명이 탈 수 있는 중형 여객기나 10~20층 정도의 빌딩을 살 수 있을 액수예요. 하지만 짐바브웨에서는 달걀 세 알 값에 불과한 돈이라고 해요. 도대체 짐바브웨에 무슨 일이 생긴 걸까요?

불과 30여 년 전만 해도 짐바브웨는 '아프리카의 곡식 창고'라 불리며 전 세계로 식량을 수출해 아프리카에서 부유한 나라로 꼽혔어요. 그런데 지금은 생산인구의 80%가 실업자로 허덕이는 상황이에요.

이는 짐바브웨의 무가베 대통령이 펼친 사회주의 제도에서 시작되었어요. 무가베 대통령이 개인의 재산을 제한하자 돈 있는 사업가들은 짐바브웨를 떠나갔어요. 사업가들이 떠나가자 무역량이 줄어들었고 이로 인해 외환보유액도 점점 줄어들었어요. 설상가상으로 가뭄까지 계속되었어요.

무가베 대통령은 한 걸음 물러나는 대신 더 밀어붙이는 정책을 썼어요. 토지개혁이라는 명분으로 백인들이 가지고 있던 토지를 한 푼의 보상금도 없이 몰수하여 흑인들에게 나눠 준 것이었어요. 이것도 모자라 외국 자본이 보유한 짐바브웨 기업 주식의 절반을 강제로 국가에 넘기라고 명령했어요. 만약 거부하면 체포해 버렸지요. 외국인의 투자자본은 짐바브웨에서 빠르게 빠져나갔어요.

　회사들이 문을 닫자 국민들은 일할 곳을 잃었어요. 백인 농장이 사라지면서 농업 기반도 사라졌어요. 투자자본도 끊기고 살림할 돈도 바닥나자 무가베 대통령은 화폐를 마구 발행했어요. 결국 무분별하게 찍어 낸 화폐 때문에 돈의 가치는 뚝뚝 떨어졌고 이는 물가 폭등으로 이어졌어요.

　2008년 한 해 동안 짐바브웨의 물가상승률은 2억%가 넘어요. 이는 100원이었던 물건이 1년 사이 2억 원이 넘었다는 뜻이에요. 경제학적으로 물가 상승이 통제를 벗어난 상태가 된 것이지요. 이를 '초인플레이션'이라고 해요.

　2009년 짐바브웨 정부는 스스로 통화를 관리할 능력이 없다는 것을 인정하고 자국 통화를 폐기했어요. 그리고 2015년에는 미국 달러,

가치 폭락으로 0이 14개나 붙은 짐바브웨 100조 달러 지폐. ⓒFotolia

유로, 중국 위안, 일본 엔, 인도 루피 등을 법정 화폐로 지정했어요.

짐바브웨의 은행에서는 짐바브웨 달러를 다른 통화로 바꿀 수 있어요. 미국 돈 1달러는 35,000,000,000,000,000 짐바브웨 달러라고 해요.

돈을 팡팡 찍어 내면 한 나라의 경제가 어떻게 되는지 여실히 보여 준 짐바브웨. 정부에서는 2016년 6월 화폐 신설 계획을 내놓았어요. 자국 통화를 부활시켜 경제를 부흥시킬 거라고 약속했지요. 과연 짐바브웨는 물가를 안정시키고 통화를 재정비할 수 있을까요?

돈은 쉽게 벌 수 없기 때문에 가치가 있는 거야

세상에서 가장 인기 있는 보석인 다이아몬드가 비싼 이유는 뭘까요? 그건 다이아몬드의 양이 적기 때문이에요. 만약 다이아몬드가 길에 있는 돌멩이처럼 흔하다면 비싼 돈을 주고 사지 않겠지요.

돈도 마찬가지예요. 돈의 양이 많아지면 가치는 떨어지고 물가는 오르게 돼요. 그 밖에도 많은 문제가 발생한답니다. 그럼 국가에서 돈을 마구 찍어 내지 않는 이유에 대해 좀 더 자세히 알아보기로 해요.

돈의 가치가 낮은 나라에서 일하는 사람들은 생활고에 시달리게 돼요. 물가가 오른 만큼 월급을 올려 주면 다행이겠지만 대부분의 회사는 물가에 맞춰 월급을 올리기가 어렵기 때문이에요. 그러면 가난한

잘못된 화폐정책으로 휴지가 되다시피 한 짐바브웨의 돈.

사람들은 계속 가난하고 부자들은 부동산 등 자산 가격이 오른 만큼 계속해서 돈을 벌어 소득 격차가 심해져요. 이는 사회가 불안정해지는 원인이 된답니다.

물가가 오른 만큼 상품의 값이 비싸지기 때문에 원활한 수출도 이루어지지 않아요. 그런 가운데 비싼 국산품 대신 수입제품을 쓰는 사람이 늘어나게 되겠지요. 그러면 무역수지가 나빠지면서 회사와 나라 모두 가난해질 수 있어요.

만약 이런 상황에 놓인다면 정부는 '디플레이션 정책'을 쓰게 돼요. 디플레이션 정책이란 통화량을 줄이고 재정 지출을 축소해서 상품과 서비스의 가격을 하락시키는 정책이에요.

물가가 급상승한 나라에서는 디플레이션 정책을 써서 물가를 안정시킬 수 있지만 이 정책도 위험 요소를 안고 있어요.

통화량이 감소하면 돈의 가치가 올라가게 돼요. 한마디로 돈이 귀해지는 것이에요. 돈의 가치 상승으로 소비자, 기업, 정부는 돈을 쓰는 데 주저하게 돼요. 결국 소비와 투자의 감소는 경제를 악화시키고 전반적인 물가 하락을 불러오게 돼요. 물건 값을 낮춰야 사람들이 물건을 사고 기업도 투자를 할 테니까요. 이와 같은 경제 불황은 수요를 감소시켜 물가를 더 떨어뜨리는 악순환을 불러오기도 하지요.

국가는 국민들에게 돈의 가치를 지켜 주겠다는 믿음을 줘야 해요. 그러므로 화폐 발행을 갑자기 늘려서도 줄여서도 안 되는 거랍니다.

ID: 10

만드는 비용이 더 많이 드는 동전

"찾았다!"

큰 방에서 연호의 목소리가 들리기 무섭게 작은 방에서 정우의 목소리가 들렸어요.

"나도 찾았다."

"엄마도 찾았는데?"

주방에서 엄마가 외쳤어요.

연호네 집에서는 무엇을 그렇게 열심히 찾고 있는 것일까요? 오늘 연호네 가족들은 은행에 가기로 했어요. '동전교환운동'에 동참하기 위해서예요.

사실 연호는 왜 은행에서 그런 운동을 하는지 잘 몰라요. 하지만 누구보다 열심히 동전을 찾고 있었어요. 엄마가 액수에 상관없이 가장 많이 동전을 모아 온 사람에게 외식 선택권을 주겠다고 선언했거든요.

연호의 머릿속에는 쌍둥이 동생인 정우보다 더 많은 동전을 모아야겠다는 생각뿐이었어요.

'정우가 이기면 분명히 초밥을 먹자고 할 거야.'

초밥은 정우가 가장 좋아하는 음식이에요. 하지만 연호는 물고기 냄새가 나는 것 같아서 초밥을 싫어해요.

연호가 좋아하는 음식은 크림 파스타예요. 따뜻한 크림 안에 있는 면발을 후루룩 먹으면 입안 가득 고소한 맛이 퍼지지요. 정우는 느끼하다며 싫어할 게 뻔하지만요.

'무슨 일이 있어도 정우보다 많은 동전을 모아야 해!'

연호는 집 안 구석구석에서 동전들을 찾아냈어요. 연필꽂이 안, 서랍 속에 있는 건 물론이요, 책장과 벽 틈 사이와 침대 아래쪽에도 동전이 있었어요. 정우도 이에 질세라 연호의 눈치를 살피며 이곳저곳에서 동전을 찾았어요.

드디어 결전의 시간이 되었어요. 연호와 정우는 누가 먼저랄 것도 없이 동시에 동전을 모은 주머니를 엄마 앞에 내밀었어요. 저금통을 열었기 때문에 자신만만했던 연호는 정우의 주머니도 묵직해 보이자 혹시라도 질까 봐 마음이 불안했어요. 정우도 저금통을 연 것 같아요.

엄마는 연호와 정우가 건네는 주머니를 받아 들며 물었어요.

동전교환운동.

"너희 동전교환운동을 왜 하는지는 아니?"

연호는 목덜미를 멋쩍게 만지며 대답했어요.

"나라에서 쇠가 부족한가?"

아빠가 너털웃음을 터뜨렸어요.

"그럼 이제까지 이유도 모르고 동전을 찾은 거야? 외식 메뉴 고를 수 있다고 해서?"

연호와 정우는 어색하게 웃을 수밖에 없었어요. 엄마는 연호와 정우의 코를 연달아 톡 친 후 말했어요.

"매년 동전을 만드는 비용이 만만치 않거든. 그래서 이런 운동을 통해 잠자고 있는 동전들을 꺼내려고 하는 거야."

연호와 정우는 고개를 끄덕였어요. 연호는 불현듯 이런 궁금증이 생겼어요.

"동전은 별로 쓰지도 않잖아요. 그런데 꼭 만들어야 해요?"

500원, 100원짜리는 그렇다 쳐도 10원짜리로는 별로 살 수 있는 것도 없는데 왜 굳이 동전을 만드는 걸까요?

©Fotolia

우리나라의 동전 제작비, 연간 500억 원 이상!

연호의 말처럼 요즘은 동전이 쓰임새가 없다고 생각하는 사람이 많아요. 10원짜리는 길에 떨어져 있어도 굳이 줍지 않지요. 이 때문에 서랍이나 저금통 속에서 잠자는 동전이 상당히 많아요.

1966년 8월, 10원화는 지름 22.86mm, 무게 4.22g으로 태어났어요. 구리 88%, 아연 12%가 들어갔어요. 10원화의 가장 큰 문제는 원가가 제 몸값보다 더 나간다는 것이에요. 구리 값이 오르면서 10원화 1개를 만드는 데 30원 이상의 원가가 들었어요. 이에 10원화를 녹여서 파는 불법행위까지 등장했죠.

　10원화는 제작비가 비싸짐에 따라 모습을 바꿨어요. 구리 성분을 줄이거나 더 작고 가볍게 말이지요. 2006년에는 아연 성분도 알루미늄으로 대체되었어요. 이제 새 10원화는 지름 18mm, 무게 1.22g이고, 1개당 제작비는 20원이 들어요. 모습을 바꾼 덕분에 재료비만 연간 51억 원을 절약하게 되었지요. 그래도 제작비가 액면가를 넘어 새로 만들 때마다 손해가 늘어나는 것은 여전해요.

근대시대 동전을 만들 때 쓰던 압연기. ⓒ한국은행 화폐박물관

만드는 비용이 더 들고 잘 쓰지도 않는 10원화를 계속 만드는 이유는 간단해요. 아직도 쓰이는 곳이 있기 때문이에요. 이제는 신용카드를 더 많이 쓰지만 현금으로 물건을 살 때 거스름돈용으로 동전은 여전히 필요한 존재예요.

한국은행에 따르면 우리나라의 동전 총액은 약 2조 2,000억 원이며, 10원, 50원, 100원, 500원화 중 가장 많은 것은 500원화래요. 또, 동전 제조비용은 2014년 408억 원, 2015년 539억 원에 이른 이래 한 해 평균 500억 원을 넘는다고 해요.

그래서 한국은행은 이 제조비용을 줄이기 위해 각 가정에서 잠자고 있는 동전을 나오게 하는 '동전교환운동'을 시작했어요. 은행에 동전을 가져오면 지폐로 바꿔 주는 것이에요.

운동을 통해 한 해 평균 3억 1,300만 개, 433억 원어치의 동전을 지

주화를 찍어 내는 주화틀. ⓒ한국조폐공사 화폐박물관

폐로 교환해 줬어요. 연간 동전 발행량(9억 400만 개)의 34.6%에 해당해요.

한국은행은 동전 제작비용을 줄이기 위해 2017년부터 '동전 없는 사회' 시범사업을 추진한다는 계획을 밝혔어요. 거스름돈 사용에 소극적인 사회 환경에 맞춰 동전을 유통 및 관리하는 데 들어가는 사회적 비용을 절감한다는 계획이에요.

동전 없는 사회를 만들기 위해 거스름돈 충전 서비스를 도입했어요. 거스름돈을 받을 일이 있으면 카드에 충전을 해 줘서 사용할 수 있도록 하는 방식이에요.

하지만 동전 없는 사회를 만든다고 해서 문제점이 없는 건 아니에요. 노인층의 경우, 현금 사용에 익숙하기 때문에 동전 없는 사회로의 변화에 불편함을 느낄 수 있어요. 또, 동전이 없어지면 상인들이 물건 값을 정할 때 10원, 100원 같은 단위의 돈을 더 큰 단위로 반올림하여 물가 상승을 유발할 수 있다는 지적도 있어요.

있어도 문제, 없어도 문제인 동전! 한 가지 분명한 것은 동전을 잘 관리하는 게 경제에도 이득이 된다는 것이에요. 가정에 쌓아 두기보다 원래 용도에 맞게 활용하면 동전의 추가 제작비나 교환에 따른 불필요한 비용을 줄일 수 있으니까요.

핵심 요약 10

○○은행
동전교환운동

"잠자고 있던 동전을 활용되게 하는 것도 나라 사랑이라구!"

"나 10원짜리. 제작비는 구형 30원, 신형 20원."

배보다 배꼽이 더 커!

"동전만 모아도 차 10만 대는 사겠군."

우리나라 동전 총액은 약 2조 2,000억 원.

"거스름돈은 카드에!"

2017년부터 추진 중인 '동전 없는 사회' 시범사업!

"계산하기 편하게 1,000원 받을까???"

동전이 없어지면 소비 단위가 커져 물가 상승을 유발할 수도 있어.

11. 은행은 어떻게 돈을 빌려줄 수 있을까?

13세기 중반의 일이에요. 영국의 런던 시민들은 화가 머리끝까지 났어요.

"조폐국이 내 금을 다 써 버렸어!"

"내가 맡겨 놓은 귀금속을 자기들 마음대로 전쟁에 쏟아붓다니!"

영국은 전쟁을 치르면서 나라 살림이 어려워졌어요. 그래서 조폐국에서 보관하고 있던 국민들의 귀금속과 돈을 전쟁 물자를 사는 데 써 버린 것이었어요.

"더 이상 조폐국에 귀중품을 맡기지 않겠어."

시민들은 조폐국을 대신할 만한 곳을 찾다가 금 세공업자들을 떠올렸어요. 금 세공업자는 금으로 액세서리나 장식품을 만드는 사람이에요. 그들은 재료를 안전하게 보관하기 위해 튼튼한 금고를 가지고 있었지요. 금 세공업자들은 약간의 보관료를 받고 시민들의 돈과 귀금속을 맡아 주었어요.

"○○○ 씨의 금화 100개를 맡고 있습니다."

세공업자는 귀금속을 맡긴 사람에게 보관증을 써 주었어요. 나중에 맡긴 것을 찾으러 오면 정확하게 돌려주기 위해서였지요.

세공업자들을 찾는 시민들이 점점 늘어났어요. 세공업자들은 귀중품과 돈을 안전하게 보관해 주었고 필요할 때는 언제든지 되돌려 주었어요.

그러자 사람들은 상거래를 할 때 휴대가 어려운 금 대신 보관증을 주고받기 시작했어요. 말하자면 다른 사람과 거래를 할 때 세공업자

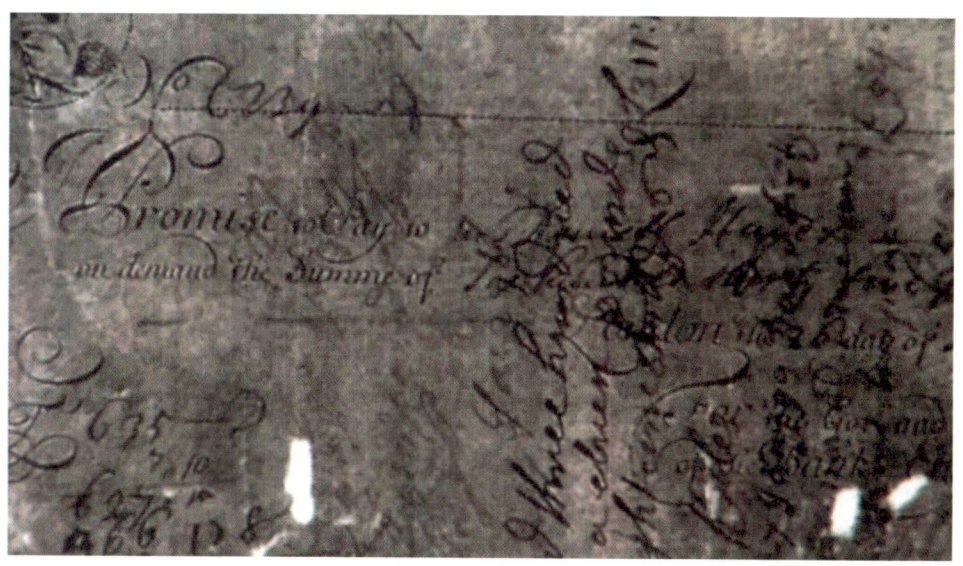

1699년 영국에서 발행된 지폐 보관증.

에게 금을 맡기면서 받은 보관증을 건네는 것이었어요.

사람들은 보관증으로 거래를 할 뿐 실제 금을 찾으러 오는 경우는 드물었어요. 보관증을 받은 사람들도 그것을 또 거래에 활용했으니까요. 그러자 세공업자의 금고에는 언제나 일정량의 돈과 귀중품이 보관되어 있었어요.

"금화 10개만 빌려주면 안 되겠소? 대신 한 달 후에 금화 한 개를 더 얹어서 드리다."

돈이 부족한 사람들이 세공업자를 찾는 일이 잦아졌어요. 세공업자는 사람들이 맡긴 금화를 돈이 필요한 사람에게 빌려주었어요. 그리고 금화를 맡을 때처럼 빌려줄 때도 증서를 썼어요.

"○○○ 씨는 금화 10개를 빌려 갔습니다. 한 달 후에 11개를 가져와야 합니다."

증서에는 금화를 빌려 쓰는 대가로 빌린 것보다 많은 금화를 돌려주겠다는 내용이 들어 있었어요. 즉, '이자'를 내는 것이었어요.

세공업자들은 큰 부자가 되었어요. 그들의 금고에는 다른 사람이 맡긴 금화 말고도 이자로 받은 금화가 쌓여 갔어요. 그들은 더 이상 금세공 일을 할 필요가 없었어요. 다른 사람의 금을 맡아 주고, 또 필요한 사람에게 빌려주는 일만으로도 막대한 이익을 얻을 수 있었으니까요.

세공업자들은 '금 보관'과 '빌려주기'에 전념하기로 했어요. 이리하여 역사상 최초로 금융 업무만을 전문으로 하는 은행(bank)이 탄생하게 되었지요.

지금의 은행은 훨씬 크고 하는 일도 과거보다 복잡해요. 하지만 사람들이 돈을 맡기고, 맡아 둔 돈을 필요한 사람에게 빌려주는 기본적인 일은 크게 변하지 않았답니다.

은행도 이윤을 추구하는 기업!

우리가 은행에 돈을 맡기면 은행에서는 그 돈으로 여러 가지 일을 해요. 맡긴 돈을 안전하게 보관하기도 하지만 돈이 필요한 사람이나

무인은행기기(ATM).

기업에 이자를 받고 대출해 주어 이익을 내지요. 은행도 이윤을 추구하는 사업체니까요.

은행은 대출을 해 주고 받은 이자의 일부를 저축한 사람들에게 지급해요. 이해를 돕기 위해 예를 들어 보도록 할게요.

A라는 사람이 5%의 이자를 내기로 약속하고 은행으로부터 돈을 빌렸어요. B라는 사람은 3%의 이자를 약속받고 은행에 저축을 했어요. 은행은 A라는 사람에게 5%의 이자를 받아 B에게 3%의 이자를 준 후 남은 2%를 차지하게 되는 거예요. 대출이자가 저축이자보다 늘 높기 때문에 은행은 자신의 몫을 챙길 수 있어요.

은행은 돈을 보내려는 사람과 받으려는 사람을 이어 주는 역할도 해요. 이런 은행의 기능이 있기에 다른 장소에 있는 사람 간, 기업 간에 쉽게 돈을 주고받을 수 있어요. 은행은 송금을 도와주는 대가로 수수료를 받아 수익을 챙긴답니다.

우리나라 화폐를 다른 나라의 것으로 바꾸려면 어디를 가야 하지요? 맞아요. 그곳도 은행이에요. 우리 돈으로 외화를 바꿀 때와 외화를 우리 돈으로 바꿀 때의 기준 환율이 다른데, 그 차이를 통해 은행은 수익을 얻어요.

은행은 각종 공과금을 내는 창구로도 이용돼요. 세금, 전기요금, 아파트 관리비 같은 것을 내면 은행이 해당 기관으로 보내 줘요.

은행은 돈만이 아니라 귀중품도 수수료를 받고 맡아 줘요. 금과 보석, 중요한 서류를 더 안전하게 맡기고 싶은 사람에게 보안이 잘되는 금고를 빌려주지요.

그런데 모든 사업이 그렇듯 은행도 경영을 잘못하면 망할 수 있어요. 만약 그런 일이 생기면 어떻게 될까요? 내가 맡긴 돈도 허공으로 사라지는 것일까요?

정부는 은행이 파산했을 때를 대비하여 '예금자 보호제도'를 운영하고 있어요. 예금보험공사라는 기관이 있어서 은행들로부터 기금을 받아 모아 두었다가 특정 금융기관이 망했을 때 예금자들에게 대신 돈을 돌려주는 일을 해요. 현재 1인당 보호 금액은 원금과 이자를 합해서 최고 5,000만 원이랍니다.

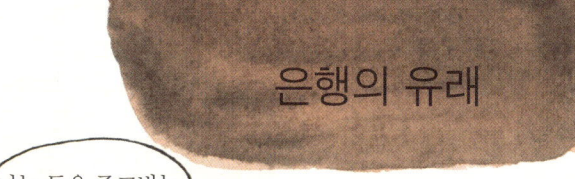

12. 외국에서도 우리나라 화폐를 쓸 수 있을까?

해담이는 아빠 엄마 사이에 서서 숨을 크게 몰아쉬었어요. 그리고 눈을 크게 뜨며 외쳤어요.

"미국이다!"

11시간여의 비행을 거쳐 드디어 미국 로스앤젤레스에 도착한 것이었어요. 첫 해외여행을 나온 해담이만큼이나 아빠 엄마도 들떠 있었어요. 아주 오랜만의 휴가였기 때문이에요.

"미국에서 유명하다는 햄버거를 먹으러 가 볼까?"

아빠의 말에 엄마는 검지를 좌우로 흔들었어요.

"무슨 소리야. 미국에 왔으면 당연히 스테이크를 먹어야지."

해담이는 아빠와 엄마가 옥신각신하는 사이에 주변을 둘러보았어요. 멀리 산타바바라 해변이 보이는 가운데 거리에는 액세서리를 파는 좌판들이 펼쳐져 있었어요.

해담이는 아빠 엄마와 너무 떨어지지 않게 일정한 거리를 유지하며 좌판 쪽으로 다가갔어요. 귀걸이와 반지들이 햇살을 받아 반짝반짝 빛나고 있었어요. 해담이는 그중에 진주가 붙은 반지가 마음에 쏙 들었어요. 반지에는 '8$'이라고 쓰인 종이가 붙어 있었어요.

'8$는 8달러라는 뜻이겠지?'

아빠와 엄마는 미국 돈인 달러를 갖고 있었지만 아쉽게도 해담이는 갖고 있지 않았어요. 예쁘지만 돈이 없으니 어쩔 수 없다고 생각하며 지나치려던 순간 해담이는 문득 이런 생각이 들었어요.

'로스앤젤레스에는 한국 사람이 많이 살고 있다고 했잖아? 어쩌면 한국 돈으로 살 수 있지 않을까?'

해담이의 지갑 안에는 한국 돈 만 원이 들어 있었어요.

'1달러가 1,300원 정도 한다고 했으니까, 만 원 정도 내면 될 거야.'

해담이는 진주반지를 가리킨 후 좌판 주인에게 만 원을 내밀었어요. 그러자 연한 갈색 머리카락을 가진 좌판 주인은 받지 않는다는 듯 고개를 저었어요.

"해담아. 여기서 뭐 하는 거야?"

아빠가 해담의 곁으로 다가왔어요. 해담이는 자신의 생각을 아빠에게 전했어요.

"여기엔 한국 사람이 진짜 많잖아. 그런데도 한국 돈을 못 써요?"

"미국이니까 달러를 내야지."

아빠는 해담이 대신 반지 값을 치렀어요. 해담이는 마음에 드는 반지를 받기는 했지만 아직도 이해가 가지 않았어요.

'한국 돈도 똑같은 돈인데 왜 외국에서는 쓸 수 없는 거지?'

같은 화폐를 쓰면 편할 텐데 왜 안 쓰는 거지?

"원, 달러, 엔."

세계 각국은 사용하는 화폐와 단위가 달라요. 그렇기 때문에 외국에 가거나 국제 간 거래를 할 때 자기 나라 돈으로는 결제를 할 수 없어요. 세계의 돈이라 불리는 달러라고 해도 마찬가지예요. 통용되는 곳이 있긴 하지만 기본적으로는 그 나라의 화폐를 써야 해요.

전 세계를 돌아다니는 여행자 입장이라면 무척 불편하겠지요? 지구촌 모두가 같은 화폐를 쓴다면 참 편하게 다닐 텐데 말이에요. 그렇다면 왜 나라마다 화폐가 다른 걸까요?

화폐 체계는 각 나라별로 고유하게 만들어져 있어요. 나라마다 경제적인 구조가 다르기 때문에 그에 맞는 체계가 필요한 것이지요. 뿐만 아니라 각 나라의 문화와 역사도 화폐의 차이를 낳아요.

"위치가 가깝고 문화가 비슷하면 화폐를 같이 써도 되지 않을까?"

우리나라에서 비행기로 2시간이면 갈 수 있을 만큼 가까운 일본과 중국의 문화는 우리와 유사한 점이 많아요. 그렇다고 해서 같은 화폐를 쓸 수는 없어요.

화폐는 단지 거래 수단이 아니에요. 오랫동안 전해 내려온 그 나라만의 경제 방식과 그 나라 사람의 정서가 깃들어 있어요. 단지 지리적으로 가깝다고 해서 화폐를 같이 사용할 수는 없다는 뜻이에요. 만약 굳이 서로 통용되게 하려면 나라 간에 합의가 있어야겠지요.

먼 훗날에는 전 세계의 화폐가 통합될 수도 있다는 의견이 있어요. 세계의 경제가 밀접하게 연관되어 있고 무역과 협정을 통해 서로 의존적인 관계를 맺고 있기 때문이에요. 화폐가 달라서 생기는 불편함을 없애기 위해 단일 화폐를 만들 수도 있어요.

이런 가능성을 보여 준 것이 바로 유로화예요. 유럽의 여러 나라가

각국의 통화

나라	통화명	약칭	나라	통화명	약칭
한국	원	KRW	캐나다	캐나다 달러	CAD
미국	달러	USD	호주	호주 달러	AUD
일본	엔	JPY	뉴질랜드	뉴질랜드 달러	NZD
중국	위안	CNY	브라질	헤알	BRL
영국	파운드	GBP	스웨덴	크로나	SEK
유럽연합	유로	EUR	인도네시아	루피아	IDR
태국	바트	THB	말레이시아	링깃	MYR

위에서부터 미국, 캐나다, 싱가포르 달러. 화폐단위는 같아도 각기 고유한 역사를 가진 서로 다른 화폐야.

일본의 1만 엔권. 화폐 인물은 19세기 계몽사상가인 후쿠자와 유키치.

하나의 경제권을 형성하기 위해 만든 통일 화폐지요. 프랑스의 프랑, 독일의 마르크, 스페인의 페소 등도 유로로 대체된 상태예요.

아시아의 경제 강국인 우리나라, 중국, 일본 등이 유럽연합처럼 하나의 경제권을 형성하길 원한다면 화폐를 하나로 정하자는 제안이 나올 수 있어요. 만약 화폐가 단일화된다면 미국과 유럽연합에 맞서 커다란 경제세력을 이룰 수 있을 거예요.

그러나 상대적으로 경제 규모가 작은 우리나라 경우 더 큰 나라에 경제적으로 예속될 수도 있어 쉽게 판단할 일은 아니랍니다.

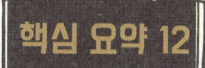

화폐는 단지 거래 수단이 아니라
그 나라만의 경제 방식, 문화, 역사가 깃들어 있어.

여긴 한국 사람도 많이 사는데 왜 안 받아요?

가장 국제적인 화폐인 달러라 해도
아무 데서나 다 통하지는 않아.

유로화는 유럽 대부분의 나라에서 통하지.

유럽국들은 하나의 경제를 이루기 위해
통일 화폐 '유로'를 만들었어.

화폐 통일은 강대국에 경제적으로
예속되는 단점이 나타날 수도 있어.

13 화폐에는 왜 사람의 얼굴이 그려져 있을까?

　세계 여러 나라의 화폐를 모으는 아연이의 앨범 안은 언제나 시끌벅적해요. 저마다의 사연을 갖고 있는 화폐들이 쉴 새 없이 떠들어 대기 때문이에요. 특히나 오늘 같은 날은 더 말들이 많아져요. 새 친구가 왔거든요.
　"어이, 새로 온 양반. 자기소개 좀 해 보지 그래?"
　미국 1달러에 그려진 조지 워싱턴이 말했어요. 조지 워싱턴은 미국의 초대 대통령으로 미국의 독립전쟁을 이끈 인물이에요. 아연이의 화폐 앨범에 가장 오래 자리한 터줏대감이기도 하지요.
　새 친구는 목소리를 가다듬은 후 부드러운 목소리로 말했어요.
　"나는 베트남에서 왔습니다. 단위는 동이지요. 숫자를 보면 알겠지만 5,000동입니다."

"오!"

베트남 돈을 처음 본 5만 원권의 신사임당이 자신도 모르게 감탄사를 내뱉었어요. 베트남에서 온 새 친구가 말을 이었어요.

"나는 호치민이오. 내 소개를 요청한 조지 워싱턴처럼 베트남의 초대 대통령이지요. 내 입으로 말하기 쑥스럽지만 베트남 민족운동의 최고지도자로 꼽힙니다."

화폐들은 자기소개를 마친 새 친구를 향해 박수를 보냈어요. 그중에 가장 열성적으로 찬사를 보낸 사람은 필리핀 1,000페소에 그려진 호세파 라네스 에스코다였어요.

"민족운동 지도자라니, 정말 멋지네요. 전 여성참정권운동을 이끌었기 때문에 민족운동이 얼마나 어려운지 잘 알고 있어요."

"필리핀 여성인권운동가를 여기서 만나다니. 제가 더 영광입니다."

두 화폐의 대화를 듣고 있던 중국의 위안은 못마땅한지 혀를 찼어요. 자신 외의 화폐가 주목을 받으면 내는 소리였어요.

"사실 정말 위대한 건 내가 아니겠소? 나는 중국의 모든 지폐에 그려져 있다오."

화폐들은 마오쩌둥의 자랑이 시작되자 딴 곳을 쳐다보았어요. 마오쩌둥은 화폐들의 반응에 아랑곳하지 않았어요.

"니하오! 나로 말할 것 같으면 중국의 위대한 영웅이오. 중국의 독립과 주권을 회복했지. 어디 그뿐인 줄 아시오? 분열되어 있던 중국을 통일시킨 것도 내가 한 일이오."

"하여튼 정치인들은 자신들이 제일 잘난 줄 안다니까."

화폐들의 시선이 오스트리아 지폐로 향했어요. 5,000셀링에 그려진 모차르트는 잔뜩 못마땅한 표정을 짓고 있었어요.

"당연히 정치인들이 가장 위대하지! 정치인들은 나라의 기틀을 만든다고!"

모차르트는 마오쩌둥의 말에 동의하지 않는다는 듯 어깨를 으쓱했어요.

"그래요. 나라의 기틀을 세우는 건 정치인들일지도 모르죠. 하지만 사람들의 마음을 하나로 모으는 건 예술이라고요."

마오쩌둥은 인류 역사상 가장 훌륭한 음악가로 인정받는 모차르트의 말을 무시할 수 없었어요. 이탈리아의 리라에 그려진 화가 카라바조는 모차르트를 향해 엄지를 치켜세웠어요.

"사람의 마음을 모으는 건 예술이지만 사람의 목숨을 살리는 건 의학이지요."

일본의 1,000엔에 그려진 노구치 히데요가 말했어요. 노구치 히데요는 일본의 슈바이처라 부리는 세균 학자였어요.

화폐들의 수다는 여기서 끝나지 않았어요. 아연이의 앨범 안에는 100가지가 넘는 화폐가 들어 있기 때문에 한 화폐가 한마디씩만 해도 이야기는 한없이 길어질 수밖에 없었지요. 화폐에는 정말 많은 이야기가 숨어 있기 때문이에요.

5만 원권에 들어 있는 그림들

지폐 앞면에서 '오만원' 글씨 왼쪽 아래가 묵포도도(신사임당 그림), '한국은행 총재' 글씨에 깔린 흐린 그림이 초충도수병(작가 미상).

지폐 뒷면에서 진하게 보이는 큰 그림이 월매도(어몽룡 그림), 바탕에 연하게 깔린 그림이 풍죽도 (이정 그림).

나라에 대한 존중과 위조방지 목적

"화폐는 문화 백과사전이다."

이는 화폐가 그 나라의 특성을 나타내는 지표라는 뜻이에요.

화폐는 문화, 역사, 국민 정서 등을 보여 주는 한 나라의 얼굴이나 다름없어요. 화폐에 사람의 얼굴이 그려져 있는 것도 이 같은 이유예요. 국민으로부터 존경받는 인물을 화폐에 담아 나라의 얼굴로 하는 것이지요.

화폐에 인물을 넣는 다른 이유도 있어요. 인물은 다른 문양에 비해 위조가 어려워요. 얼굴의 눈, 코, 입에 그려진 선들이 복잡하기 때문이지요. 위조지폐를 막기 위한 아이디어도 포함되어 있는 셈이에요.

그렇다면 화폐 속 인물 선정기준은 무엇일까요? 각 나라에서는 국민들과 전문가의 의견을 종합해서 정치, 경제, 사회, 문화 등 각 분야별로 국가와 민족을 대표하는 사람을 뽑아요.

인도 화폐에는 비폭력 저항운동을 전개한 마하트마 간디가 그려져 있어요. 인도의 아버지라 불리는 그는 인도의 모든 지폐에서 볼 수 있어요.

영국 화폐의 앞면에는 엘리자베스 2세가 그려져 있지요. 뒷면의 모델은 더 다양해요. 중력의 법칙을 설명한 물리학자 아이작 뉴턴, 진화론을 창시한 찰스 다윈, 《오만과 편견》을 쓴 여류 소설가 제인 오스틴 등이 그려져 있어요.

도안만 봐도 그 나라 사람들의 마음을 알 것 같은 남아프리카공화국(동물), 인도(마하트마 간디), 유로화 이전 독일(악기)의 지폐.

유럽의 경우 예술의 나라답게 수많은 예술가들을 화폐 속에서 만날 수 있어요. 유로화를 쓰기 전까지 이탈리아의 화폐에는 조각가인 베르니니가 그려져 있었고 노르웨이 화폐에서는 작곡가 그리그를 볼 수 있어요. 또, 덴마크 지폐에는 연극배우 하이베르가 그려져 있어요.

호주의 화폐는 '남녀평등의 원칙'을 적용했어요. 화폐의 앞면에 여성 인물을 새기면 뒷면에는 남성을, 앞면이 남성일 경우에는 뒷면은 여성을 새겨 넣어요. 그 예로 10달러 호주지폐의 앞면에는 남성 시인 앤드루 버튼 패터슨이, 뒷면에는 여성 작가 메리 길모어가 들어 있어요.

화폐 속에 그 나라를 대표하는 역사적 인물만 있는 건 아니에요. 건축물이나 상징적인 표시 등 다양한 형태의 그림들이 화폐를 장식하지요.

대표적인 예는 남아프리카공화국의 지폐예요. 200랜드 지폐 속에는 표범이, 100랜드에는 아프리카물소가 그려져 있어요. 그 밖에 10랜드에는 검은코뿔소, 20랜드에는 코끼리가 담겨 있어요. 남아프리카공화국의 드넓은 초원을 화폐 속으로 옮겨 놓은 것 같아요.

우리나라의 지폐에 담긴 위인은 누구일까요? 1만 원권 세종대왕, 5,000원권 율곡 이이, 1,000원권 퇴계 이황, 그리고 가장 나중에 나온 5만 원권은 신사임당이에요. 100원짜리 동전에서는 충무공 이순신을 만날 수 있지요.

화폐는 그 나라의 지난날을 돌아볼 수 있게 하는 압축된 역사 같아요. 화폐 속 인물과 그림들이 띠는 역사성이 매우 크니까요. 많은 사연이 담겨 있는 화폐를 소중히 다뤄야겠지요?

정치인, 여성운동가, 음악가, 의학자…
별별 인물이 다 있네!

*중국 - 마오쩌둥

*필리핀 - 에스코다

*일본 - 노구치 히데오

*오스트리아 - 모차르트

위인, 문화재 등을 새겨서 나라에 대한 애정을 표하는 건 기본 디자인!

얼굴은 위조하기 너무 어려워!

화폐에 인물을 넣는 건 위조를 어렵게 하기 위한 목적도 크다.

우리나라 지폐에서 어떤 위인이 어떤 액수의 돈에 들어 있는지 짝 맞춰 보세요.

신사임당	세종대왕	이이	이황
•	•	•	•
•	•	•	•
1,000원	5,000원	1만 원	5만 원

14. 화폐도 나이가 들면 죽는다고?

탕! 탕! 기계들이 일정한 속도로 돌아가는 소리밖에 들리지 않는 조용한 낮이었어. 너와 똑같이 생긴 친구들 사이에서 네가 태어났지.

넌 한 달 넘게 여러 단계를 거쳐 검사를 받았어. 세상에 나갈 수 있는 상태인지 아닌지를 꼼꼼히 확인해야 하거든. 합격! 모든 확인이 끝난 너는 드디어 이름을 갖게 되었어. '돈', '지폐', '화폐' 등 널 부르는 호칭은 많지만 정확한 이름은 '5,000원권'이야.

조폐공사를 떠난 너와 네 친구들은 곳곳의 은행으로 향했어. 넌 서울의 한 은행에 도착했지. 아직 사람들의 손때를 타지 않아 깨끗하고 빳빳한 너는 자신감이 대단했어.

"날 쓰게 되는 이는 축복받은 사람일 거야."

네가 은행에 들어간 지 3일째 되던 날, 행운의 주인공이 나타났어. 그녀는 첫 월급을 탄 신입사원이었어. 너의 첫 주인은 새 지폐 냄새가 나는 너에게 입을 맞추었어. 그리고 부모에게 선물할 속옷을 사기 위해 널 썼지. 너는 태어나길 잘했다고 생각했어.

너는 속옷가게를 떠나 머리카락이 뽀글거리는 아주머니의 지갑, 대학교에 다니는 학생의 가방 안, 생선을 파는 아저씨의 앞치마 속으로 들어갔어. 그 후로도 수많은 주인을 만나며 이곳저곳을 옮겨 다녔지. 주인을 다 기억하진 못하겠지만 그중 몇몇은 너도 기억하고 있을 거야.

네가 가장 오래 있었던 곳 기억 나? 할아버지 할머니에게 세배를 한 어린 친구의 집 말이야. 너는 그 집에서도 가장 어두운 서랍 속에

손상된 지폐들. ⓒ한국은행 화폐박물관

있었지.

 너는 외롭지 않았어. 오랫동안 묵혀 놓은 1,000원권, 만 원권, 동전들도 같이 있었으니까. 게다가 어린 친구가 너를 아끼고 또 아끼느라 쓰지 않는다는 걸 알고 있었기 때문에 어두운 곳에 있는 것이 서운하지 않았어.

 너는 가장 최악의 주인도 기억할 거야. 맞아. 돈을 함부로 쓰던 남자지. 너는 무척 겁이 났어. 그 남자는 지갑도 없이 돈을 아무 데나 구겨 넣었거든. 지폐가 찢어져도 신경 쓰지 않았어. 돈을 낼 때는 또 얼마나 예의 없게 내던지던지.

 결국 우려하던 일이 벌어지고 말았어. 너를 지퍼가 있는 주머니에 아무렇게나 넣었다가 빼는 과정에 모서리가 찢어진 거야. 남자는 상처 입은 너를 식당의 탁자에다 휙 던지고 나갔어. 넌 공중에서 나풀나풀 날리다가 탁자 위로 힘없이 떨어졌지.

 넌 식당에서 쉴 새 없이 돌아다니느라 늙고 병든 돈들을 만났어. 그리고 알게 되었지. 너도 그들과 크게 다를 바 없다는 사실을 말이야. 고향으로 돌아갈 시간이 다가온 거지.

 어느덧 한국은행에 다다른 너는 '쓸 돈'과 '버릴 돈'을 가려내는 자동정사기 앞에 섰어. 너는 '버릴 돈'이라는 판정을 받아어. 저 멀리 새롭게 태어난 지폐들이 각 은행으로 떠나는 모습이 보였어.

 너는 슬프지 않았어. 네 삶이 이것으로 끝이 아니란 걸 알고 있었거든. 넌 한 건물의 튼튼한 바닥재로 다시 태어날 준비를 하고 있어.

손상된 동전들. ⓒ한국은행

태어나서 지금까지 중요하게 쓰인 네가 난 무척 자랑스럽단다.

우리나라 지폐 수명은
3년 4개월에서 8년 4개월

돈의 일생은 한국은행이 한국조폐공사에 화폐 제조를 발주하면서부터 시작돼요. 얼마나 많은 돈을 만들지는 매년 화폐 발행량, 환수량, 폐기량 등을 고려하여 정하지요. 지폐의 경우 우리가 평소 사용하는 모습이 되기까지 40~45일 동안 총 여덟 단계의 공정을 거쳐요.

조폐공사에서 모든 검수를 마친 돈은 한국은행으로 향해요. 그리고

지폐의 재료인 면섬유와 면펄프. ⓒ한국조폐공사 화폐박물관

그곳에서 각 은행들에 공급되지요. 은행에 온 사람들이 돈을 찾으면서, 돈은 은행을 떠나 세상을 떠돌아다니게 돼요.

"탄생하는 화폐가 있다면 죽음을 맞는 화폐도 있다."

면화(목화솜)[10] 재질의 돈은 수명이 정해져 있어요. 한국은행이 조사한 지폐의 평균 수명은 1만 원권 8년 4개월, 5,000원권 5년 5개월, 1,000원권 3년 4개월이에요. 2009년부터 발행된 5만 원권은 아직 유

---

10 지폐의 재질을 종이로 알고 있는 사람이 많은데, 실은 위조 방지를 위해 면화로 용지를 만들어서 사용해요.

지폐를 쌓으면 얼마나 될까? 가운데 1만 원권과 5,000원권 합해서 90억 원! ⓒ한국은행 화폐박물관

통 역사가 짧아서 수명에 대한 통계치가 부정확하지만 적어도 1만 원권보다는 길 것으로 추측하고 있어요.

돈의 생사를 결정하는 곳은 한국은행 정사실이에요. 이곳에서 1,000장의 지폐를 더 쓸 수 있을지, 아니면 폐기해야 할지를 결정하는 데 걸리는 시간은 겨우 33초예요.

하루 평균 40여만 장의 지폐를 감별하는 자동정사기에서 재사용이 가능하다고 판단된 지폐는 100장 단위로 묶여서 다시 배출돼요. 반면, 사용이 불가능하다고 판단된 지폐는 분쇄, 압축 과정을 거쳐 종이 뭉치로 배출되고요.

한 해 폐기되는 돈은 6억 장 정도로 5톤 트럭 112대분에 해당해요.

금액으로 환산하면 총 3조 3,955억 원에 달해요. 이를 쌓을 경우 백두산 높이의 23배, 에베레스트 산 높이의 7배가 되고, 모두 연결할 경우 경부고속도로를 약 103회 왕복할 수 있는 물량이에요.

돈으로서의 수명은 다했지만 화폐는 여전히 유용하게 쓰이고 있어요. 폐기된 지폐는 자동차 부품이나 건축자재로 재활용이 가능해요. 훼손된 동전은 새로운 동전의 재료로 사용되기도 하고 산업자재로 팔려 나가기도 한답니다.

화폐는 수명을 가지고 태어나지만 우리의 노력에 따라 더 오래 쓸 수 있어요. 폐기된 지폐의 손상 사유를 살펴보면 불에 탄 경우가 가장 많고, 습기로 인한 부패가 그 뒤를 이었어요. 칼질 등에 의한 훼손이 그다음으로 큰 문제였고요.

손상된 화폐를 대체하는 데 한 해에 600억 원 가까운 돈이 쓰인다고 하니 우리가 돈을 조금만 더 깨끗이 써도 나라의 돈을 아낄 수 있는 셈이에요.

핵심 요약 14

디자인 → 원판 만들기

지폐는 조폐공사에서 40여 일 동안 여덟 단계의 공정을 거쳐 만들어져.

용지 만들기 (면섬유 재료) → 평판인쇄 (일반 인쇄) → 요판, 활판인쇄 (입체부분 인쇄) → 홀로그램 부착 → 검사 → 절단, 포장

나는 돈이야. 태어나 활동하다 상처나고 병들면 다시 한국은행으로 돌아가.

한 해 폐기되는 돈은 약 4조 원. 5톤 트럭 112대 분에 해당돼.

폐기된 지폐는 자동차 부품 재료나 건축자재로 재활용되지.

쌓으면 백두산 23배, 한 줄로 이으면 경부고속도로 103회 왕복!

손상된 화폐를 다시 만드는 데 한 해에 약 600억 원이 쓰여. 그러니 돈을 깨끗이 써야 해.

15 신용카드로 뭐든 살 수 있지 않아?

1950년, 미국 맨해튼의 어느 식당에서 한 남자가 무척 곤란한 표정을 짓고 있었어요. 그는 자신의 주머니를 반복해서 확인했어요. 바지 주머니와 재킷의 안주머니까지 다 뒤졌지만 지갑은 어디에서도 보이지 않았어요.

"아무래도 사무실에 두고 온 것 같은데……."

슬슬 식당의 직원들이 그를 수상하게 보기 시작했어요. 남자는 땀을 삐질삐질 흘리며 조심스럽게 두 손을 양옆으로 벌렸어요.

"제가 돈이 없습니다."

유명한 식당에서 돈도 없이 식사한 남자의 이름은 프랭크 맥나마라였어요.

다음 날 맥나마라는 출근하자마자 동료들에게 식당에서 겪은 일에 대해 이야기했어요.

"신분증에 시계까지 다 맡기고서야 겨우 식당에서 나올 수 있었어. 정말 창피했지 뭐야."

그러자 한 동료가 손뼉을 부딪치며 말했어요.

"나만 그랬던 게 아니네. 나도 여자 친구랑 외출했다가 지갑을 잃어버려서 곤욕을 치렀어."

의자에 앉아 있던 다른 동료도 비슷한 말을 했어요.

"현금이 없는 걸 깜빡하고 나갔다가 당황할 때가 어디 한두 번인가?"

맥나마라는 그제야 많은 사람들이 유사한 경험을 했다는 사실을 알게 되었어요.

"현금 없이 결제할 수 있는 방법을 만들면 어떨까?"

"그게 어떻게 가능해?"

동료의 질문에 맥나마라는 대답 대신 눈빛을 반짝였어요. 며칠 후, 맥나마라는 단골 식당을 찾아가 네모난 종이판을 내밀었어요.

"앞으로 식사한 뒤에 여기에 사인을 하고 나중에 한꺼번에 지불하면 어떻겠소?"

맥나마라는 믿을 만한 사업가였기에 단골 식당에서는 제안을 받아들였어요. 그는 자신의 신용도를 이용하여 결제를 대신하는 방법을 고안해 낸 것이었어요.

맥나마라는 종이판에 '다이너스클럽(Diners Club)'이라는 이름을 붙였어요. '저녁을 먹다(dine)'라는 말에서 따온 '다이너(Diner)'와 동료 또는 멤버십의 의미를 가진 '클럽(Club)'을 조합하여 만든 것이었지요.

그는 200여 명의 친척들과 친구들에게 다이너스클럽 카드를 나누어 주었어요. 물론 경제적으로 안정되고 믿을 만한 직장을 다니는 사람들이었지요.

"앞으로 이 카드를 14개의 식당에서 사용할 수 있습니다."

식당 주인들도 나쁘지 않은 방법이라고 생각했어요. 사회의 저명한 사람들을 단골로 만들면 장사에도 도움이 될 수 있으니까요.

이후 다이너스클럽은 가맹점인 호텔, 음식점, 오락시설에서 사용할 수 있었어요.

다이너스클럽은 지금까지도 신용카드의 원조로 남아 있습니다.

쓰면 꼭 책임져야 하는 '보이지 않는 돈'

금융위원회의 발표에 따르면 한국의 경제활동인구 1명당 약 3.4장의 신용카드를 가지고 있는 것으로 나타났어요. 신용카드가 이미 대다수 사람들의 생활과 밀접한 관계를 맺고 있다는 것을 알 수 있지요.

신용카드는 소유한 사람의 경제적인 신용을 이용하여 현금 없이도 물건, 서비스 등을 살 수 있는 제도예요. 내 신용만큼 미리 돈을 쓰고, 정해진 날짜에 은행을 통해 갚는 것이지요.

　신용카드의 가장 큰 장점은 가볍고 편리하다는 것이에요. 신용카드가 있으면 당장 돈을 내지 않아도 쇼핑을 할 수 있기 때문에 굳이 현금과 수표를 소지할 필요가 없어요.

"120만 원을 12개월로 결제해 주세요."

　이 말은 쓴 돈 120만 원을 12개월로 나눠서 한 달에 10만 원씩 결제하겠다는 뜻이에요. '할부'라는 제도지요. 할부를 이용하면 자동차나

신용카드는 계획적인 지출이 필수! 현금이 눈에 보이지 않아 낭비로 이어지기 쉽기 때문이야.
ⓒfreepik

가전제품 구입 같은 목돈을 지출할 때 부담을 줄일 수 있어요. 물론 그 기간만큼 카드회사에 얼마씩의 이자는 내야 해요.

"금 나와라 뚝딱! 은 나와라 뚝딱!"

신용카드는 21세기의 도깨비방망이 같아요. 도깨비가 방망이를 휘두르면 금과 은이 나오는 것처럼 신용카드로 예쁜 옷도 멋진 차도 곧바로 살 수 있으니까요.

하지만 신용카드는 도깨비방망이와는 달라요. 자신의 경제적 능력을 넘어서는 지출을 하면 곤란한 상황에 빠지게 되지요. 신용카드로 쓴 돈은 반드시 갚아야 하기 때문이에요. 만약 정해진 날짜에 갚지 못하면 원금에 이자까지 더해서 내야 해요.

신용카드로 지출한 돈을 갚지 못해서 빚이 점점 쌓이면 어떻게 될까요? 은행과 신용카드 회사에서는 이런 사람을 '신용불량자'로 분류한답니다. 신용불량자는 더 이상 신용카드를 사용할 수 없어요. 그리고 은행 거래에 불이익이 생기는 것은 물론 빚진 만큼 재산을 압류당할 수 있어요.

신용카드를 쓰는 사람이라면 늘 자신의 지불 능력을 점검해야 하고, 지출에 앞서 꼭 필요한 것인지 생각해 봐야 해요.

여기서 문제! 어린이들도 신용카드를 발급받을 수 있을까요?

카드회사에서는 어린이들에게 신용카드를 발급해 주지 않아요. 대부분의 어린이들은 스스로 돈을 벌 능력이 없으니까요. 만약 카드 발급을 꿈꾸는 어린이가 있다면 어른이 된 다음을 기약하도록 해요.

©Fotolia

한편, 우리나라에서 신용카드를 도입한 것은 1970년 조선호텔이 멤버십카드를 발급한 게 시초예요. 은행계 신용카드는 1978년 비자카드(외환은행), 1980년 국민카드(국민은행)가 발급되며 본격화되었답니다.

16 일해서 버는 돈, 임금

매일 아침 6시 30분, 아빠는 눈을 뜹니다. 아빠는 침대의 이불 속에 더 있고 싶지만 40분 안에 출근 준비를 마쳐야 하기 때문에 무거운 몸을 이끌고 욕실로 향해요.

"수광 아빠. 주스 마셔요."

씻고 나와 옷을 입고 있는 아빠를 향해 엄마가 외쳐요. 아빠는 야채를 갈아 만든 주스를 마시고 싶지 않아요. 정말 맛이 없거든요. 하지만 몸에 좋으니 어서 마시라는 엄마의 채근에 할 수 없이 숨을 꾹 참고 한입에 마셔요.

아빠는 출근하기 전에 내 방의 문을 살그머니 열어요. 나는 아빠를 향해 잠시 눈을 뜨지요. 하지만 잠이 덜 깨서 아빠가 정확하게 보이지 않아요. 아빠는 그런 나를 내려다본 후 활짝 웃으며 말해요.

"아빠. 돈 벌어 올게. 오늘도 공부 열심히 해라."

7시 10분, 집을 나선 아빠는 지하철로 향해요. 제시간에 출근하기 위해 아빠는 수많은 아빠와 엄마, 누나와 형들로 가득한 지하철로 몸을 구겨 넣어요.

회사에 도착한 아빠는 더 이상 아빠로 불리지 않아요. '김 과장'으로 불리지요. 아빠는 어서 '김 팀장'이 되길 바라며 업무를 시작해요.

이메일을 확인하고 그날 처리할 일들을 수행하다 보면 오전 시간이 빠르게 지나가요. 일을 하다가 12시가 다 되었다는 것을 알게 되면 아빠는 갑자기 허기를 느껴요. 그리고 오늘 점심은 뭘 먹나 잠깐 고민해요.

돈은 열심히 일해서 버는 것이어야 신성하지. ⓒFotolia

아빠는 밖으로 나가 식당을 찾을 수도 있지만 빠듯한 주머니 사정을 생각하여 회사 식당으로 가요. 내가 학교에서 급식을 먹을 동안 아빠는 6,000원으로 한 끼를 해결한 후 다시 사무실로 돌아가지요.

시간은 어느덧 2시. 나는 학교에서 수업을 하고 아빠는 회사에서 동료들과 회의를 해요. 아빠도 나처럼 2시가 되면 졸릴 때도 있지만 꾹 참고 일을 해야만 해요. 그럴 때면 아빠는 커피를 마시거나 껌을 씹어요.

드디어 퇴근 시간!

회사 규정상 퇴근은 오후 6시지만 정확하게 그 시간에 회사를 나가는 사람은 많지 않아요. 아빠도 마찬가지예요. 어느 날에는 야근하는 상사의 눈치가 보여서, 때로는 처리할 업무가 많아서 퇴근을 미루지요. 우리는 수업 종이 울리기 무섭게 하교 준비를 하는데 말이에요.

아빠는 결국 야근을 하고 9시가 되어서야 회사를 나설 수 있어요. 집으로 돌아오는 지하철은 아침보다는 덜 복잡하지만 어쩐지 쓸쓸한 공기가 맴돌아요. 덜컹거리는 지하철 속에서 아빠는 휴대전화를 만지작거려요. 인터넷으로 기사를 보기도 하고 사진첩에 저장된 내 사진을 보기도 해요.

밤 10시, 그제야 현관문을 들어서는 아빠를 엄마가 반갑게 맞이해요. 아빠는 아침에 그랬던 것처럼 내 방문을 살그머니 열어요. 나는 마침 잠이 들려던 순간이라 아빠가 정확하게 보이지 않아요. 아빠는 그런 나를 내려다보며 희미한 미소를 지어요.

"아빠 다녀왔다."

임금은 일을 하는 사람과 고용자의 약속!

"움직이면 돈이다."

손만 까딱해도 돈이 든다고 푸념하는 어른들이 종종 하는 말이에요.

"외출 안 하고 외식 안 하면 되지 않나요?"

하지만 어쩌지요? 우리는 집에만 있어도 돈이 들어요. 우리가 사는 집, 방을 밝히는 전기, 화장실의 물도 돈을 주고 사용하는 것이니 말이에요. 그렇기 때문에 우리는 안정적인 생활을 이어 나가기 위해 돈을 벌어야 해요.

사람들은 돈을 벌기 위해 일을 해요. 회사로 출근을 하고 보통은 한 달에 한 번 월급을 받지요. 월급날 받는 돈을 다르게 말하면 '임금'이라고 해요.

임금은 노동을 제공하고 받는 대가를 말해요. 일을 시킨 고용자는 일을 시키기 전에 조건을 제시해요.

"당신이 하루에 9시간씩 일하는 조건으로 한 달에 300만 원을 주겠습니다."

임금은 다양한 조건에 의해 결정돼요. 노동 시간, 일하는 사람의 능력, 전문성, 회사의 규모 등이 중요 요소지요. 고용자와 일을 하는 근로자의 조건이 맞으면 서로 계약을 해요.

근로자는 자신이 일한 만큼 혹은 그보다 조금 더 많은 임금을 받길

최저임금제도는 그 경계선을 두고 사용자와 고용자가 늘 민감하게 대립해.

원해요. 고용자가 근로자의 기대만큼 임금을 주면 별 탈이 없지만 임금을 적게 주려고 하면 문제가 발생해요.

충분한 임금을 받지 못하는 근로자는 생계유지가 불안해져 삶의 질이 떨어져요. 그런 사람이 회사에 나와 의욕적으로 일할 수 있을까요? 자연히 능률이 떨어지게 되고 고용자도 손해를 입게 되지요. 적당한 임금은 고용자와 근로자 모두에게 꼭 필요한 것이에요.

국가는 근로자들의 생활 안정을 위해 '최저임금'을 정해 놓았어요. 고용자에게 최소한 그 수준 이상의 임금을 지급하도록 법으로 정한 것이에요. 이를 '최저임금제도'라고 해요.

그렇다면 우리나라의 최저임금은 얼마인지 확인해 볼까요?

2020년 우리나라의 최저임금은 시간당 8,590원이었어요. 2021년에는 8,720원, 2022년에는 9,160원. 그리고 2023년의 최저임금은 시간당 9,620원으로 결정됐어요. 2022년보다 5.0% 오른 것으로, 전에는 한 해 10% 넘게 오르기도 했으나 최근엔 주춤한 상태예요.

위는 고용자가 근로자에게 시간당 9,620원 이상의 돈을 꼭 주어야 한다는 뜻이에요. 만약 이를 지키지 않으면 3년 이하의 징역 또는 2,000만 원 이하의 벌금형을 받게 돼요.

우리가 직업을 고를 때 임금은 꼭 고민해 봐야 하는 요소예요. 하지만 임금이 높은 직업이 무조건 좋은 것만은 아니에요. 임금은 높지만 보람이 낮다면 일을 하는 의욕이 떨어질 거예요.

직업을 고를 때는 자신이 좋아하는 것은 무엇인지, 내가 잘할 수 있는 일인지, 사회에 보탬이 되는지를 고려해야 해요. 원하는 일을 하며 임금을 받는다면 근로자도, 고용자도 행복해질 수 있답니다.

핵심 요약 16

돈을 버는 건 매우 중요해.
음식, 전기, 물 등 집에만 있어도
돈이 쓰이니까.

임금은 노동 시간, 능력과 전문성,
회사의 규모 등 여러 조건에 의해 결정돼.

충분한 임금을 받지 못하는
근로자는 삶의 질이 떨어질 수 있어.

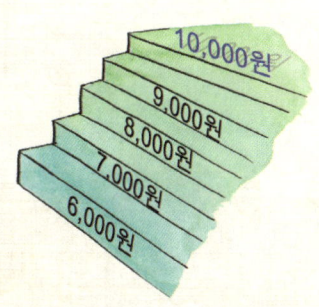

정부는 근로자들의 생활안정을 위해
시간당 '최저임금제도'를 실시하고 있어.

직업을 고를 때는 임금도 중요하지만
그 일을 통한 행복도 중요해.

17 내 용돈은 내가 관리한다

엄마는 오늘도 열을 올리며 이모와 대화를 하고 있었어요.

"이번 달 생활비도 빠듯해."

"형부가 보너스 받았다면서, 벌써 다 쓴 거야?"

엄마는 한숨을 푹 쉬었어요.

"그러게 말이야. 딱히 비싼 거 산 일도 없는데 그 돈이 다 어디로 갔는지 모르겠어."

이모는 엄마를 보며 고개를 설레설레 저었어요.

"홈쇼핑에서 오리털 이불 샀다며."

엄마는 그제야 무릎을 탁 쳤어요.

"맞다. 오리털 이불 샀지. 깜빡하고 있었네."

"지금 당장 필요하지도 않은데 나중에 사지 그랬어?"

"너무 싸게 나왔기에 안 살 수가 없었어."

미희는 무더운 8월에 오리털 이불을 사는 엄마를 이해할 수 없었어요.

'저러면서 늘 돈이 새 나간다고 한다니까. 엄마도 참!'

괜히 끼어들었다가 시험공부 하라는 소리나 들을 것이 분명했기에 미희는 속으로만 생각하며 잠자코 주방으로 가 물을 마셨어요.

"언니, 몇 번을 말해. 가계부 쓰라니까."

엄마는 할 말이 없는지 손톱만 만지작거렸어요.

"아니, 나도 쓰려고 하는데 습관이 안 들어서 그런가. 자꾸 까먹어."

미희는 엄마와 이모의 대화를 뒤로한 채 방으로 들어왔어요.

"아. 맞다! 진구 생일선물 사야 하는데."

찬영이와 같이 선물을 사러 가기로 한 약속을 떠올린 미희는 부랴부랴 지갑을 찾았어요.

"어라? 왜 5,000원밖에 없지?"

용돈 쓰고 분명 2만 원을 남겨 둔 거 같은데 남은 건 달랑 5,000원짜리 한 장뿐이었어요.

"설마. 생활비 부족하다고 엄마가 내 돈까지 가져갔나?"

미희는 방문을 활짝 연 후 엄마에게 외쳤어요.

"엄마! 내 돈 가져갔어?"

엄마는 어이가 없다는 표정으로 미희를 쳐다보았어요.

"내가 네 돈을 왜 가져가. 잘 찾아봤어?"

"분명히 지갑에 2만 원이 남아 있었는데 5,000원밖에 없단 말이야."

"어디다 쓰고 기억 못하는 거 아니야?"

미희는 기억을 더듬어 보았어요. 군것질을 한 것 같기도 하고 아닌 것 같기도 했거든요.

"도대체 돈이 다 어디로 새 나간 거야."

미희는 긴가민가한 표정을 지으며 중얼거렸어요. 그러자 이모가 말했어요.

"용돈기입장 보면 알 거 아냐?"

그러자 미희는 멋쩍은 듯 발끝을 세우고 바닥을 톡톡 쳤어요.

"아니. 나도 쓰려고 하는데 습관이 안 들어서 그런가. 자꾸 까먹어."

이모는 엄마와 미희를 번갈아 보더니 혀를 찼어요.

"어쩜. 엄마랑 딸이 이렇게 똑같니."

엄마와 미희는 눈을 마주치며 어색한 웃음을 지었어요.

엄마한테 가계부가 있다면 어린이에겐 용돈기입장!

우리는 돈의 지출과 관련하여 매번 더 중요한 것을 선택하는 결정을 해야 해요. 또, 나중에 돈이 필요할 때를 대비하여 저축도 해야 한

사람은 늘 돈의 유혹을 받아. 돈 관리가 필요한 이유지. ⓒFotolia

답니다. 한정된 돈으로 합리적인 생활을 하기 위해 필요한 것이 바로 '관리'예요.

돈 관리의 가장 쉬운 방법은 기록하는 것이에요. 돈이 얼마나 들어왔는지, 어디에 어떻게 썼는지를 쭉 적는 거지요. 돈의 지출 상황을 한눈에 볼 수 있으면 함부로 돈을 쓰지 않고 계획적인 소비를 할 수 있어요. 그래서 어른들은 가계부라는 기록 방법을 택해 수입과 지출 내용을 날짜순으로 적어요.

어른들에게 가계부가 있다면 어린이에겐 용돈기입장이 있어요. 어린이는 아직 경제생활을 하지 않기 때문에 수입은 부모님이 주시는

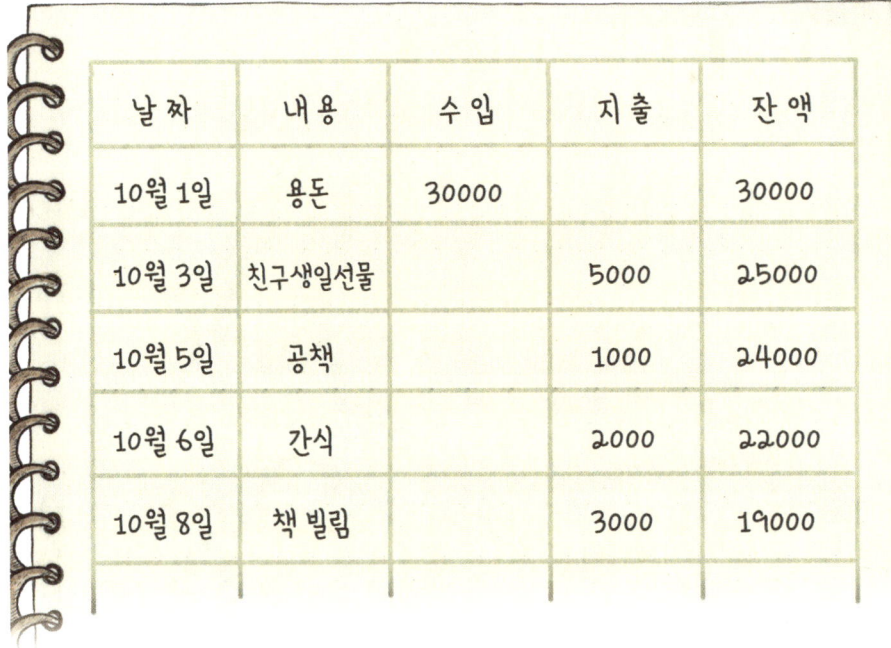

용돈기입장.

용돈에 따라 달라져요. 하지만 용돈기입장을 얼마나 성실하게 쓰는 가에 따라 다른 친구보다 용돈을 조금 덜 받더라도 알차게 사용할 수 있어요.

한 푼이라도 더 야무지게 쓰기로 마음먹었나요? 좋아요! 그렇다면 지금부터 용돈기입장을 현명하게 쓰는 방법을 알아봅시다.

1) 용돈 예산서를 작성해요.

예산서란 특정 기간(일주일 혹은 한 달)을 단위로 필요한 돈을 미리 기록해 보는 것이에요. 용돈이 얼마만큼 들어오고 그 돈을 어디에 쓸지 예상하여 예산서를 만들 수 있어요. 잘 작성한 예산서는 충동적인 지출을 막아 준답니다.

2) 실제 수입 및 지출 금액을 적어요.

우리는 부모님이 주시는 용돈, 그리고 생각하지 못한 돈을 받을 때가 있어요. 이런 것을 포함하여 들어온 돈 모두를 그때그때 그날의 수입으로 적어 두어요. 또, 매일의 지출을 적어요. 이렇게 날짜별로 수입, 지출, 잔액의 금액을 정확하게 써요.

3) 목표를 세워요.

목표는 언제까지, 무엇을, 어떻게 하겠다고 구체적으로 세우는 것이 좋아요. 예를 들어, 매달 5,000원씩 용돈을 모아서 4개월 뒤에 2만 원짜리 야구 모자를 사겠다는 구체적인 계획을 짜 보는 거예요.

4) 자신의 기록을 평가해요.

이제껏 쓴 돈을 확인하고 예산서에 맞게 지출했는지 확인해요. 예상하지 않은 곳에 돈을 썼다면 다시 계획을 세우도록 해요. 용돈을 갈라서 은행에 넣어 두는 것도 좋은 관리 방법이에요. 돈을 조금만 가지고 있으면 충동적인 지출을 막을 수 있거든요. 거기다 이자까지 받을 수 있으니 일석이조인 셈이지요.

18 화폐를 쓰지 않는 미래

2030년 7월 23일, 영광이는 아침 식사를 하고 있었어요. 엄마는 영광이의 모습을 보며 만족스런 미소를 지은 뒤 냉장고 앞에 섰어요.

엄마가 냉장고의 스크린을 누르자 냉장고가 반응하며 인사를 했어요.

"안녕하세요. 좋은 아침입니다."

"부족한 식품 좀 확인해 줘."

"잠시만 기다려 주십시오."

내부 확인을 끝낸 냉장고가 대답을 했어요.

"현재 야채는 여덟 종류로 확인됩니다. 당근, 파, 송이버섯, 오이, 마늘, 시금치, 고추, 배추입니다. 과일은 네 종류가 남은 상태로……."

냉장고는 이어서 고기, 우유, 달걀, 김치 등이 얼마나 남았는지, 얼마나 오래되었는지, 이번 주에 짜 놓은 식단을 위해서는 얼마나 재료가 필요한지 등을 이야기해 주었어요.

"전골 해 먹으려면 고기랑 야채가 더 있어야겠네. 그것까지 포함해서 3일치 기준으로 부족한 것들을 주문해 줘."

엄마의 지시에 냉장고는 영광이네의 평균적인 식품 사용량에 맞춰 주문할 것들을 스크린에 띄웠고, 곧 단골 식품마트로 주문서를 발송했어요. 값은 통장에서 자동으로 빠져나가기 때문에 따로 결제할 필요가 없어요. 이제 조금 있으면 배달이 될 거예요.

밥을 다 먹은 영광이는 빈 그릇을 싱크대에 넣으며 물었어요.

"엄마. 그럼 예전에는 직접 마트에 가서 장을 본 거야?"

"그럼~. 마트에 가서 물건들을 사고 카드나 돈으로 결제했지."

"그럼 장보기 한 걸 들고 올 때도 많았겠네. 하긴. 엄마는 힘이 세니까 들고 올 수 있었겠다. 헤헤."

엄마는 영광이를 향해 눈을 흘겼어요.

"엄마 팔 좀 봐라. 이렇게 가는데 힘이 세겠니?"

엄마를 더 놀리려던 영광이는 번뜩 떠오른 것이 있어 고개를 세차게 끄덕였어요.

"맞아. 맞아. 엄마 팔은 정말 가늘고 예뻐. 아마 우리 동네에서 제일 힘이 약할걸?"

갑자기 영광이가 사근사근 웃으며 다정하게 굴자 엄마는 영광이에게 의심의 눈초리를 보냈어요. 금세 이유를 알아챈 엄마는 씩 웃으며 말했어요.

"왜 그러나 했더니 오늘 용돈 받는 날이구나?"

영광이는 활짝 웃어 보였어요.

"어이구! 알겠어. 잠깐만 기다려 봐."

엄마가 휴대전화의 버튼을 누르자 영광이 손목의 전자시계가 부르르 떨었어요. 시계의 액정에는 돈이 입금되었다는 메시지가 떴어요.

"시계 잃어 버리면 안 되는 거 알지?"

영광이는 카드의 칩이 내장되어 있는 시계를 쓰다듬으며 대답했어요.

"절대 안 잃어 버려요!"

2020년대 한국은 이미 '현금 없는 사회'

현금으로 빵빵하게 채워진 지갑을 가지고 다녀야 어깨가 으쓱하던 시절이 있었어요. 하지만 현대의 사람들에게는 비효율적인 이야기로 들릴 거예요.

사람들의 지갑은 마치 다이어트를 한 것처럼 홀쭉해졌어요. 지갑 안에는 비상금으로 사용할 소액의 지폐와 몇 장의 카드가 들어 있는 게 전부예요.

최근 여러 나라에서 현금 없는 사회를 만들기 위한 움직임을 보이

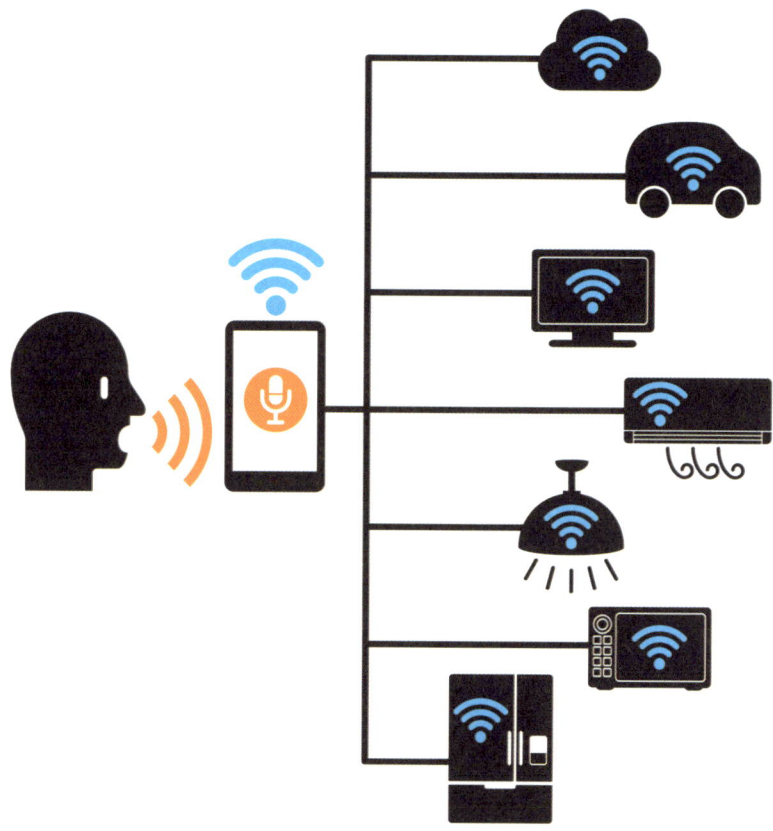

세계는 이미 전자화폐 시대로 달려가고 있어. ⓒFotolia

고 있어요. 가장 발 빠르게 움직인 나라는 역설적이게도 유럽에서 최초로 지폐를 발행한 스웨덴이에요.

　스웨덴의 수도인 스톡홀름에서는 2007년부터 버스, 지하철 요금을 현금으로 지불할 수 없고 미리 충전된 교통카드만 사용하게 했어요. 시내 곳곳 상점에는 '현금 없는 가게'라는 팻말을 붙여 사람들로 하여금 현금을 쓰지 않게 하는 분위기를 조성했어요. 심지어 손님들이 현금을 내밀면 거절할 수 있는 법까지 만들었어요. 스웨덴 정부는 2030년이면 현금 사용이 완전히 사라질 것으로 예측하고 있어요.

덴마크는 2017년 1월 1일부터 화폐의 제조를 중단하고 전자화폐 'e크로네' 도입을 진행하고 있어요. 덴마크 전체 인구 560만 명 중 300만 명은 모바일 결제 시스템을 사용하고 있지요. 심지어 노숙자에게 기부할 때도 모바일로 한답니다.

아시아의 경우도 크게 다르지 않아요. 일본은 2004년부터 일찌감치 전자지갑을 도입하여 쓰고 있어요. 중국은 10년 안에 현금 없는 사회에 진입할 수 있다고 자신하고 있고요.

우리나라의 경우는 어떨까요? 한국은행에 따르면 대한민국은 전체 사용 금액의 약 20%만이 현금으로 지불되고 있다고 해요. 이미 많은 사람들이 신용카드와 전자결제, 모바일 앱 등을 사용하고 있다는 뜻이에요. 전문가들은 완전한 '현금 없는 사회'가 멀지 않을 것으로 전망하고 있어요.

현금 없는 사회가 된다면 화폐 발행, 수거, 폐기 등으로 발생하는 비용을 아낄 수 있어요. 매년 새로운 동전을 만들기 위해 지출했던 600여억 원도 다른 용도로 쓸 수 있겠지요.

현금 없는 사회에서 지하경제[11]는 힘을 잃게 될 거예요. 현금 결제와 달리 카드나 모바일 결제는 거래 내역이 전산망에 기록되기 때문에 개개인이 언제 어느 곳에서 돈을 썼는지 알 수 있거든요.

---

11 영수증 없이 거래를 하여 세금 부과 대상에서 빠지는 불법 자금을 말해요.

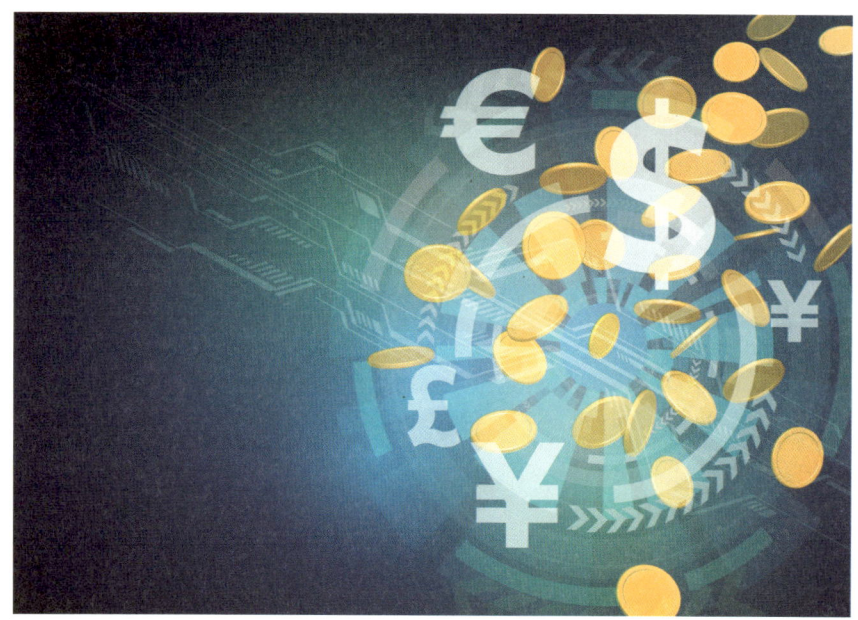
미래의 상거래는 전자화폐가 중심이 될 거야. ⓒFotolia

그럼 밀수 무역, 마약, 성매매 등을 위해 주고받는 불법자금 사용을 차단할 수 있어요. 뿐만 아니라 돈의 사용처를 추적하여 세금을 정확하게 부과할 수 있어요.

현금 없는 사회에서는 강도를 만날 걱정도 줄어들어요. 실제로 스웨덴에서 은행의 현금 보유를 줄이자 은행 강도가 감소했다고 해요.

'밝은 면이 있으면 어두운 면도 있는 법.'

현금 없는 사회에서 가장 우려되는 점은 사생활 침해예요. 모든 거래 내역이 전산 기록으로 남아 개인의 경제활동이 공개될 위험이 있어요. 정부나 정보처리를 담당하는 회사에서 필요에 따라 개인의 거래 내역을 확인할 수 있고, 나쁜 생각을 가진 사람에 의해 악용될 수도 있지요.

 또, 전자결제 시스템이 일부 사람들에게는 불편함을 줄 수 있어요. 현금 사용을 더 편하게 생각하는 노년층, 카드 개설이 제한되는 신용 불량자 등이 불이익을 받지 않도록 대책을 세워야 해요.

 여러분은 현금 없는 사회로의 진입을 어떻게 생각하나요? 현금 없는 곳에서 사는 여러분의 모습을 한번 그려 보세요.

19 돈을 가치 있게 쓰는 법

"전 세계 아이들을 마법의 세계로 인도했다."

《해리포터》 시리즈로 많은 팬을 거느린 작가 조앤 K. 롤링은 세계에서 가장 영향력 있는 사람 중 한 명으로 꼽혀요.

《해리포터》는 67종의 언어로 번역되어 전 세계에서 4억 권 이상 판매되었어요. 뿐만 아니라 영화로 만들어져 70억 달러, 우리나라 돈으로 7조 9,000억 원이 넘는 매출을 올렸지요. 캐릭터 상품까지 포함한다면 조앤 K. 롤링이 번 돈은 1조 원이 훌쩍 넘을 거라고 해요.

1990년대 초반까지만 해도 조앤 K. 롤링은 당장의 생활을 걱정해야 할 정도로 불우했어요. 아기와 단둘이 남겨진 28세의 이혼녀로 자신의 인생에서 최악의 시기를 보내고 있었지요.

조앤 K. 롤링은 일자리가 없어 정부 보조금으로 생활하다가 동화를 쓰기로 결심하고《해리포터》시리즈를 완성했어요. 하지만 이름 없는 작가라는 이유로 출판사로부터 여러 차례 거절당했어요.

"아동서로는 돈을 벌지 못합니다."

《해리포터》를 출간하기로 약속한 출판사에서는 책을 내 주면서도 이렇게 말했어요. 하지만《해리포터》의 마법 세계는 아이들뿐만 아니라 어른들까지 매료시켰어요. 결국 세계적인 베스트셀러가 되었고 조앤 K. 롤링은 대영제국훈장을 수여받는 영예까지 누리게 되었답니다.

조앤 K. 롤링은 자신이 번 돈을 가치 있게 쓰고 싶었어요. 그녀는 불치병을 앓다가 돌아가신 어머니를 떠올렸어요. 어머니의 죽음은 그녀에게 깊은 상처로 남아 있었어요.

'어머니 묘소에 동상이나 꽃을 바치는 것보다 병원에 기부하는 것이 더 뜻깊은 일이야.'

조앤 K. 롤링은 어머니처럼 불치병을 앓고 있는 사람들을 위해 185억 원가량을 기부했어요. 또, 2005년에는 유럽의 가난한 어린이들을 돕는 칠드런 하이레벨 그룹이라는 단체를 세웠어요.

"힘든 상황에 놓여 있는 아이들을 잘 키워 줄 수 있는 대안가정을 찾아 주고 싶습니다."

캠페인은 성공을 거두어 총 428억 원의 기부금을 모았어요. 지금도 매년 약 25만 명의 어린이들에게 도움을 주고 있어요.

그 외에도 조앤 K. 롤링은《해리포터》시리즈 중〈음유시인 비들 이야기〉의 수익금 전액을 기부했고, 소외된 젊은 여성들을 위한 재단에도 도움을 주고 있어요.

조앤 K. 롤링은 어려운 여건에서도 꿈을 이뤄 냈어요. 그리고 성공한 후에는 과거의 자신처럼 어려운 처지에 놓인 사람들에게 꿈을 꿀 기회를 만들어 주고 있답니다.

영국 소년 잭은 자신의 그림과 기부금을 바꾸겠다는 아이디어로 1,800만 원을 모아서 환자들을 위해 기부했어.

기부는 세상을 아름답게 하는 일

보통 사람들의 삶에서 기부는 먼 이야기처럼 들릴지도 몰라요. 어린이들의 상황도 크게 다르지 않지요. 돈을 직접 버는 게 아니라 용돈을 타 쓰는 처지에 내 것을 나눈다는 것은 쉽지 않은 일이에요. 게다가 기부를 한다고 누가 상을 주는 것도 아니니까요.

"기부는 부자들이 해야 해요."

노블레스 오블리주라는 말이 있어요. 부자들이 지켜야 하는 도덕적 의무이자 사회적 책임을 뜻하지요. 사회 지도층에서 기부 문화가

©Fotolia

형성되어야 전 사회에 확산될 수 있는 것은 맞지만 부자만 기부할 수 있다는 것은 잘못된 편견이에요.

기부는 나보다 형편이 어려운 사람들에게 내가 가진 것을 대가 없이 나누어 주는 거예요. 꼭 큰 금액을 나누어야 하는 것이 아니라 적은 돈이라도 기쁘게 나누는 마음이 더 중요해요. 기부는 돈을 가치 있게 쓸 수 있는 좋은 방법이에요.

2021년 기준으로 우리나라의 기부 참여율은 경제협력개발기구(OECD) 회원국 38개국 중 25위로 하위권에 머물고 있어요. 나눔에 대한 생각이 점점 바뀌고 있긴 하지만 아직도 부족한 게 현실이에요.

혹시 기부할 마음은 있는데 어떻게 하는지 몰라 고민하고 있나요? 만약 그렇다면 뜻깊은 기부를 하는 방법을 함께 찾아보도록 해요. 먼저 어디에 기부를 할 것인지 정하는 걸로 시작해요.

'내 도움이 필요한 곳은 어디일까?'

기부할 대상은 가난한 어린이일 수도 있고 주인에게 버림받은 유기동물일 수도 있어요. 외롭게 사는 노인들도 많은 이들의 도움을 기다리고 있지요. 나의 기부로 변화할 세상을 그려 본다면 더욱 기쁜 마음으로 기부할 수 있을 거예요.

기부는 혼자 하기보다는 관심사가 같은 친구와 함께하는 것이 좋아요. 좋아하는 친구와 함께라면 계획을 세우고 돈을 모으는 일이 더욱 재밌어지니까요.

"돈이 없는데 어떻게 기부하지?"

기부를 위해 꼭 돈을 낼 필요는 없어요. 여러분이 갖고 있는 능력을 필요한 곳에 나누어 주는 것도 기부의 한 방법이에요.

청소를 잘하는 친구는 유기견 센터에서 청소를 도와줄 수 있어요. 남의 이야기를 잘 들어 주는 사람이라면 양로원에서 할머니의 이야기를 들어 주는 것으로 기부를 대신할 수 있지요. 재능기부는 이렇듯 자신이 잘하는 것을 하면 되는 것이에요.

기부를 습관처럼 하는 어린이가 그렇지 않은 어린이보다 마음에 여유가 있고 태도가 안정되며 타인을 잘 배려한다는 연구 결과가 있어요. 기부는 돈을 가치 있게 쓰고 세상을 아름답게 그리며 사람을 사람답게 만드는 일이랍니다.

OECD 국가 GDP 대비 사회복지비 지출

순위	나라명	사회복지비 지출 비율
1~5위권	프랑스, 핀란드, 벨기에, 덴마크	25% 이상
6~20위권	독일, 영국, 미국 등	20~25%
30위권(2020년)	한국	약 12%
OECD 38개국 평균	일본 등 6개국은 자료 없음	약 20%

(자료: OECD)

핵심 요약 19

《해리포터》작가인 조앤 K. 롤링은 어려운 이들을 위해 기부를 생활화해.

노블레스 오블리주를 실천할 줄 알아야 진정한 부자!

한국인의 기부 참여율은 OECD 회원국 중 하위권. 나눔에 대한 생각이 아직 약한 거지.

돈이 없는데 어떻게 기부를 하지?

마음과 시간을 나누는 것도 훌륭한 기부지.

기부를 하는 사람은 마음에 여유가 있고 타인을 잘 배려한다는 연구 결과가 있어.

20 돈으로 살 수 없는 것

"지금부터 제12회 어린이정상회담을 시작하도록 하겠습니다. 각국의 어린이들은 모두 자리에 앉아 주시기 바랍니다."

현주는 사뭇 긴장한 모습으로 자리에 앉았어요. 이 자리에는 일본, 중국, 미국, 말레이시아 등 다양한 나라의 친구들이 함께하고 있었어요.

회의를 진행하는 어린이가 칠판에 토론 주제를 적었어요.

'당신의 장래 희망.'

일본에서 온 여자아이가 손을 들었어요.

"난 파티셰가 되고 싶어."

현주는 일본 아이의 말에 귀를 기울였어요. 파티셰는 현주도 관심이 있는 직업이었어요.

"단것을 먹으면 사람들이 행복해지잖아? 예쁘고 맛있는 케이크와 쿠키를 만들어서 세상을 행복하게 만들고 싶어."

아이들은 파티셰를 꿈꾸는 친구에게 박수를 쳐 줬어요. 이어서 장난기가 많아 보이는 미국 남자아이가 자신의 장래희망을 말했어요.

"난 스파이더맨이 되고 싶어."

그러자 곳곳에서 웃음이 터져 나왔어요.

"스파이더맨은 직업이 아니잖아."

구두쇠 스크루지 이야기는 돈보다 중요한 행복의 가치를 일깨워 줘.

"진짜 스파이더맨은 될 수 없겠지. 하지만 스파이더맨처럼 사람을 구하는 일을 할 거야. 소방관도 좋고, 경찰관도 좋아."

미국 아이는 손을 쭉 내밀며 거미줄을 뿜어내는 시늉을 했어요. 아이들은 다시 한 번 크게 웃었어요.

이번엔 말레이시아 남자아이가 마이크를 쥐었어요.

"나는 의사가 되고 싶어."

의사는 우리나라에서도 인기 있는 직업이에요. 돈을 잘 번다고 생각하기 때문이지요. 하지만 말레이시아 남자아이가 의사를 꿈꾸는 이유는 달랐어요.

"의사가 되면 많은 사람의 목숨을 구할 수 있잖아."

홍콩과 베트남, 대만에서 온 아이들이 동시에 고개를 끄덕였어요. 세 나라에서 가장 인기 있는 직업도 의사이기 때문이에요.

다양한 나라의 아이들이 참여한 회담답게 대답도 천차만별이었어요. 아직 아이들이기 때문인지 돈보다는 각자가 생각하는 직업의 의미를 얘기했고요. 그건 돈으로는 살 수 없는 소중한 가치예요.

현주는 대한민국은 어떠한지 생각해 보았어요. 우리나라 어린이들에게 가장 인기 있는 직업은 연예인이나 운동선수예요. 그리고 의사, 교사, 공무원, 과학자, 요리사 등 멋있어 보이고 돈도 잘 벌 수 있는 직업을 꿈꾸는 친구들이 많아요.

드디어 현주의 차례가 되었어요. 모두의 시선이 현주를 향했어요. 마이크를 건네받은 현주는 조심스럽게 입을 열었어요.

"내가 하고 싶은 일은 말이야……."

돈보다 가치 있는 진짜 소중한 것들

"돈으로 살 수 있는 것과 살 수 없는 것."

상품이 아닌 것의 가치는 돈으로 측정할 수 없어요. 그러나 요즘 사람들은 이제까지 돈으로 바꿀 수 없다고 생각했던 것들, 예를 들어 시간의 가치, 행복의 가치, 인생의 가치까지도 모두 돈으로 사려고 해요.

〈'이웃사촌'이라는 옛 어른들의 말을 듣기 힘들어진 요즘 세상에 친구, 사촌, 이웃 주민인 척 자리를 채워 주는 '결혼식장 하객 아르바이트'가 인기를 얻고 있다. 온라인 검색창에 '하객 아르바이트'라고 검색하면 전문 사이트가 나올 정도로 이미 평이해진 아르바이트가 됐다.〉(한경닷컴 기사에서)

결혼식장의 대리 하객뿐만 아니라 긴 줄을 대신 서 주고 돈을 받는 사람들도 있어요. 시간을 상품으로 파는 것이에요. 이제는 정말 모든 것을 돈으로 살 수 있는 걸까요?

"행복은 돈으로는 살 수 없는 매우 귀중한 겁니다."

찰스 디킨스의 소설 《크리스마스 캐럴》에 나오는 구절이에요. 구두쇠의 대명사인 스크루지 영감이 유령과 함께 과거에 다녀온 후 못마

땅해하자 유령이 하는 말이지요.

스크루지는 자신의 과거가 마음에 들지 않았어요. 어린 시절의 자신은 허름한 집에 살고 있었고 너무 가난했거든요. 하지만 여동생의 머리를 쓰다듬어 주며 예뻐하던 마음이 있었고 영원한 사랑을 맹세한 연인도 있었어요.

돈으로 살 수 없는 가치들을 알고 있었던 것이지요. 과거의 유령은 그 가치를 잊은 스크루지를 일깨워 주기 위해 행복은 돈으로 살 수 없다고 이야기해요.

우정은 어떨까요? 결혼식장에서 돈을 받고 친구인 척할 수는 있지

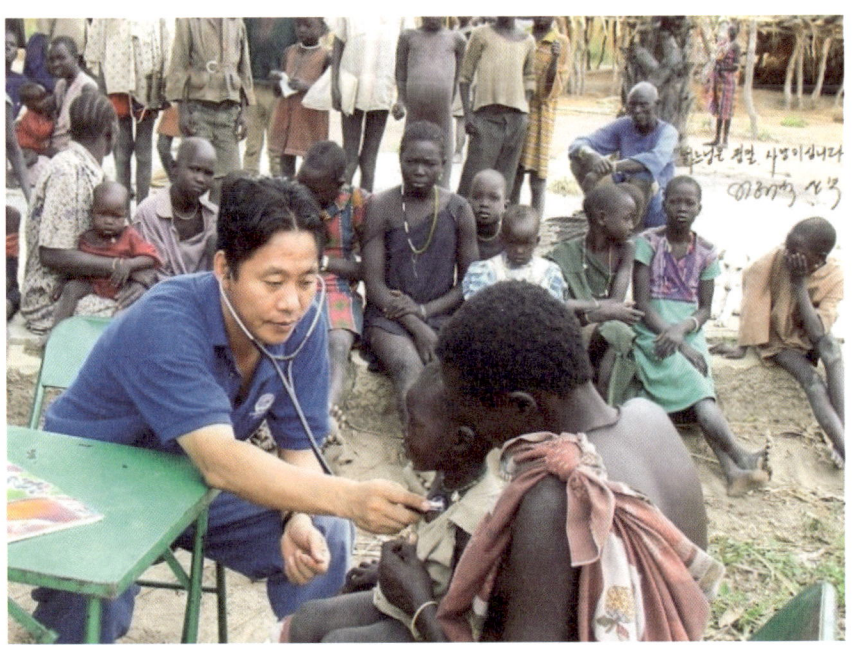

아프리카 수단에서 봉사하다가 암으로 숨진 이태석 신부는 돈으로 살 수 없는 사랑을 실천하신 분이야.

만 마음과 영혼까지 줄 수는 없어요. 우정이란 말 그대로 함께 쌓아 온 정이기 때문이에요.

　누군가를 사랑하는 마음도 마찬가지예요. 가족을 사랑하는 마음, 친구를 사랑하는 마음을 값으로 매길 수는 없어요. 또, 살면서 느끼는 기쁨, 쌓아 온 추억, 훌륭한 영화나 책을 읽고 느끼는 감동도 가격을 매길 수 없고 돈으로 살 수 없어요.

　'가장 소중한 것은 무엇인가?'

　모두가 돈이 최고라고 외치는 세상에서 우리에게 가장 소중한 것, 돈으로 살 수 없는 가치를 생각하고, 어떤 삶을 살고 싶은지 자신에게 질문해야 할 때입니다. 여러분이 현주의 대답을 대신해 주세요. 무엇을 하며 살고 싶은가요?

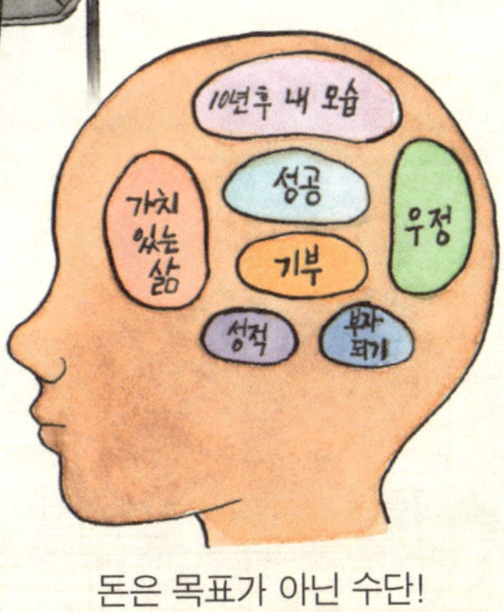